RHEIN!

ZEITSCHRIFT FÜR WORTE, BILDER, KLANG

Themenheft

DEUTSCHE AUTOREN AUS RUSSLAND

Nr. 13

November 2016

Titelbild: Tatjana Bleich: *Brückengeflecht – Wolkenmeer*, 2015.
Photo Rückseite: Nikolaus Rode: *Stummer Schrei*. Collage, 2009.

Impressum:
RHEIN! Zeitschrift für Worte, Bilder, Klang
Nr. 13, November 2016
Themenheft Deutsche Autoren aus Russland
Im Auftrag des KUNSTGEFLECHT e.V.
herausgegeben von Kurt Roessler und Rolf Stolz

© 2016 KUNSTGEFLECHT e.V. für das Heft
© Autoren und Künstler für ihre Beiträge

Redaktion: Kurt Roessler, Artur Rosenstern, Rolf Stolz
Satz und Layout: Kurt Roessler
Presserechtlich verantwortlich: Rolf Stolz

ISBN 978-3-935369-36-7

KUNSTGEFLECHT e.V.
in Zusammenarbeit mit Verlag K. Roessler
Hemberger Straße 26, 53332 Bornheim

Kunstverein KUNSTGEFLECHT e.V.
53813 Neunkirchen-Seelscheid, Postfach 2129
Tel.: 0163-5785012
Kunstgeflecht@gmx-topmail.de
www.kunstgeflecht.de
Konto: BBBank eG Karlsruhe
IBAN: DE 12 66090800 000 7637802 , BIC: GENODE 61 BBB
Abonnement: 15 € für 2 Hefte, incl. Porto

Texte und Bilder des Wettbewerbs um den DRITTEN KUNST-
GEFLECHT-PREIS erscheinen in *RHEIN!* Nr. 15 im April 2017.

Inhaltsverzeichnis

Vorwort	4
Eleonora Hummel & Artur Rosenstern: *Das Schlüsselloch im Suppenteller* (Einführung)	6
Oleg Breininger: *Waldhaus* (Bild)	11
Wladimir Eisner: *Vom Sturzkopf ins Krankenhaus*; zwei Photographien aus Sibirien	12
Irina Enss: *Schläfrig*; zwei Bilder	15
Agnes Gossen: *Mein Völkchen*	20
Eleonora Hummel: *Sarah Bernhardt von Temirtau*	21
Nelli Kossko: *Die schenste Sproch uf der ganza Welt*	28
Irina Malsam: *Die Worte fließen nicht*	34
Wendelin Mangold: *KGB-Man; Endlich*	35
Eugen Maul: *Die Nächstenliebe*	36
Andreas Peters: Gedichte	40
Nikolaus Rode: *Credo*; drei Bilder	44
Slata Roschal: *Wenn du später selber Kinder hast […]*	47
Artur Rosenstern: Gedichte	54
Melitta Roth: *Besuch der Krähenvögel*	58
Edgar Seibel: *Benimmst du dich deutsch-russisch?*	62
Elena Seifert: *Die Engel der Dinge*; zwei weitere Gedichte	65
Rose Steinmark: *Deutsches Theater in Russland*	68
Sergej Tenjatnikow: *Freiheit; Meine Deutschen*	76
Martin Thielmann: *Die Vergesslichkeit*	83
Ilona Walger: *Ein neuer Tag zu leben*	86
Julia-Maria Warkentin: *Ferne Heimat*	87
Waldemar Weber: Gedichte	93
Zu den Autoren und Künstlern	98

Vorwort

Nach den auf besondere Themen bezogenen Heften Nr. 4 *Deutsche Literatur aus Rumänien*, Nr. S 2 *Literarischer Weinberg Rolandsbogen*, Nr. 10 *RHEIN! Lyrische Landschaft* und Nr. 11 *KÖLN - heilig, unheilig* nun als weiteres Themenheft Nr. 13 *Deutsche Autoren aus Russland*. Es enthält eine Sammlung mehrheitlich bisher nicht veröffentlichter Werke deutschstämmiger, in der ehemaligen Sowjetunion geborener Autoren, die in Deutschland leben und arbeiten. Sie schreiben über Erinnerungen an ihre Zeit in Russland, ihre Eingewöhnung in Deutschland, ihr Selbstverständnis und ihre emotionalen, intellektuellen und sprachlichen Befindlichkeiten. Diese Texte sind für die ganze deutsche Öffentlichkeit wichtig, weil sie zum Verständnis der bedeutenden Bevölkerungsgruppe der Russlanddeutschen beitragen.

Deutsche in Russland setzten sich seit Jahrhunderten in den Städten aus Kaufleuten und Unternehmern, Künstlern, Intellektuellen, sowie Beamten und Militärs im Dienst der russischen Regierung zusammen. Dazu kommt auch ein Anteil von Juden, die sich des Deutschen als Hochsprache wegen seiner Nähe zum Jiddischen bedienten und die engsten Kontakt zur deutschen Kultur pflegten. In der Zeit des Dritten Reiches fanden viele verfolgte deutsche Oppositionelle und Juden Zuflucht in der Sowjetunion. Die größte Gruppe bildeten aber die in der zweiten Hälfte des 18. Jahrhunderts von Katharina der Großen gerufenen bäuerlichen Siedler. Ein Viertel aller Russlanddeutschen lebte bis 1941 am Mittellauf der Wolga um die Stadt Engels, die auch die Hauptstadt der kurzlebigen Wolgadeutschen ASSR („Wolgarepublik") war. Auch nach der Deportation nach Zentralasien und Sibirien blieb der kulturelle Zusammenhalt bestehen.

Die literarische Kultur der Russlanddeutschen manifestierte sich in dem ersten deutschsprachigen Theater am Zarenhof im Jahre 1672, im 18. und 19. Jahrhundert in den Deutschen Theatern von Sankt Petersburg und Moskau, in den Jahren von 1932 bis 1941 in den von Engels, Odessa und Dneprope-trowsk, sowie nach 1980 in dem von Temirtau und später Alma-Ata. Zwischen 1918 und 1990 blühte die „sowjetdeutsche" Literatur, deren neuzeitliche Vertreter u.a. Herold Belger, Friedrich Bolger, Nora Pfeffer, Viktor Schnittke und Waldemar Weber waren bzw. sind. Für diese Periode soll hier das Gedicht ohne Titel (14. April 1980) von Viktor Schnittke (1937 Engels - 1994 Regensburg) aus *Stimmen des Schweigens* (Moskau: Raduga Verlag, 1992, 158) stehen:

> Ich sah dich selten. Wenn auch klein, der Ort
> verlief sich in drei Dutzend krumme Gassen,
> und jede hielt in ihrem Schoß gelassen
> ein ganzes Volk. Wir wechselten kein Wort,
>
> wenn wir uns trafen — immer mittendrin
> im Treiben, im geschäftigen Gewimmel
> der Menge. Doch im Mai, wenn blank der Himmel
> und stark der Fluß in seinem Eigensinn
>
> begegnete ich dir am steilen Hang
> des Ufers, vor der warmen morschen Treppe
> am Wasserrand und draußen auf der Steppe.
> Dann sprachen wir (und schwiegen) stundenlang.

ELEONORA HUMMEL & ARTUR ROSENSTERN

Das Schlüsselloch im Suppenteller
Was das Besondere an der russlanddeutschen Literatur ist und warum sie gefördert werden muss

Viele Autorinnen und Autoren, die in ihrem Werk aus einem russisch-deutschen Sprachwechsel und entsprechendem Migrationshintergrund schöpfen, sind heute fester Bestandteil der deutschsprachigen Literaturszene. Manche von ihnen schreiben Bestseller und füllen mit ihren Lesungen Konzerthallen, während das Feuilleton unter großen Sympathiebekundungen viel Lob über ihre Werke ausschüttet. Es ist jedoch kein Betriebsgeheimnis, dass nur ein geringer Teil der *russlanddeutschen* Autoren im deutschsprachigen Literaturbetrieb wahrgenommen wird. Im Allgemeinen finden ihre Werke nur selten große Resonanz.
Einige Achtungserfolge in den vergangenen Jahren können nicht über die Tatsache hinwegtäuschen, dass russlanddeutsche Literaturschaffende den Rang rumäniendeutscher Schriftstellerinnen und Schriftsteller und derer Werke noch nicht erreicht haben. Natürlich hatten die russlanddeutschen Schriftsteller auch nicht die gleichen Voraussetzungen. Ihre Startbedingungen in Deutschland waren denkbar schlecht. In der Sowjetunion über Generationen hinweg gezielt und systematisch ihrer Muttersprache beraubt, mussten sie sich den verlorenen Wortschatz erst mühsam wiederaneignen. Der Verlust war staatlicherseits mit aller Gewalt, schnell und gründlich herbeigeführt worden. Es versteht sich von selbst, dass ein solch gravierender Einschnitt in die kulturelle Identität einer nationalen Minderheit noch lange nachwirkt, und gewiss

kaum von heute auf morgen zu heilen oder auch nur zu kitten ist. Diese Zäsur hatte unter anderem zur Folge, dass im heutigen Russland die deutschsprachige Literaturszene so gut wie zum Erliegen gekommen ist. Und es ist fraglich, ob es nach dem massenhaften Exodus der Russlanddeutschen in ihre historische Heimat in den 1990er Jahren je gelingen wird, die deutschsprachige Literatur in Russland wiederzubeleben. Junge deutschstämmige Autoren bevorzugen dort Russisch als Arbeitssprache.

Aber wie ist „russlanddeutsche Literatur" hier in Deutschland überhaupt definiert? Braucht es dazu zwingend den entsprechenden Migrationshintergrund der Autorin oder des Autors, welche Rolle spielt die Schreibsprache oder ist allein die Themenwahl entscheidend?
Ach ja, die Themenwahl! Ein weiterer Kritikpunkt, so denn man ihn sich im Selbstverständnis als russlanddeutscher Literat zu Herzen nehmen möchte, lautet, die Themen der russlanddeutschen Literatur seien nicht zeitgemäß, zu sehr sei diese Gruppe bundesdeutscher Neubürger in ihrer Vergangenheit gefangen. So manchem Literaturkritiker scheint insbesondere der „Opferstatus" zu missfallen, dessen Aneignung sowohl den Schreibenden als auch deren Protagonisten unterstellt wird. Einzelne Stimmen raten den Autoren, dieses Kapitel endlich abzuschließen und sich bei besserer Laune und weniger betrübt von depressiven Rückblicken in die eigene Historie auf fröhlichere Gegenwartsthemen zu konzentrieren. Derzeit liegen im Trend: Integrationsprobleme, prekär leben trotz akademischer Bildung, heimat- und irgendwie haltlos durch die Welt ziehen, dabei jung, suchend und gutaussehend zu sein. Erfahrungen von Deportation, Enteig-

nung, Terror, Diskriminierung, Kriegs- und Hungerjahren sollten am besten zu den Akten gelegt und mit einem dicken Stempel versehen werden: „Archiv". Nicht mehr von Interesse für die Allgemeinheit. Verbrechen des Stalinismus, kommunistische Gewaltherrschaft mit Gulags, Massenverurteilungen und -hinrichtungen wegen nichts – klar, irgendwo habe man das schon einmal gehört, aber das sei alles nun auch schon lange her. Zeit, zu vergessen. Dabei sind es diese Erfahrungen, von denen die Älteren sagen, es falle ihnen schwer, sie in Worte zu kleiden, weil sie so unaussprechlich sind.

Nicht erzählen zu können, weil man keine Worte für das Erlebte findet – das muss bedrückend sein. Können Außenstehende überhaupt ergründen, welches Leid sich dahinter verbirgt, wenn sie es weder kennen, noch sehen, noch davon hören? Möchte ein Schriftsteller nicht vielmehr helfen, nach den verlorenen Worten zu suchen, um Sprachlosigkeit zu überwinden? Ist es nicht seine ureigenste Aufgabe, in der Buchstabensuppe nach Nahrung zu fischen, aus Silben Gobelins zu sticken, die sich im Gedächtnis der Sehenden einbrennen? Mit Hilfe der Literatur Worte in tönende Sprache umzuwandeln, damit die Hörenden sich daran erinnern? Wortwerke zu erschaffen, die uns überdauern, in einer Sprache, die nichts beschönigt und nichts verschweigt?

Kurzum: Wer soll noch davon erzählen, wenn nicht die Betroffenen selbst?

Also wir. Die russlanddeutschen Autoren.

Literatur ist – wie jede Kunst – selten ein Selbstläufer. Die Bestseller eines Jahres kann man vermutlich an einer Hand abzählen, ebenso wie ihre Verfasser. Das Bild des Künstlers, der am Subventionstropf hängt, um zu überleben, ist real.

Im Zeitalter schwindender Kulturetats braucht es die Unterstützung aller Beteiligten, um mit öffentlichkeitswirksamen Mitteln erfolgreich für die russlanddeutsche Literatur zu werben und ihr mehr Geltung zu verschaffen. Ihre Themen sind als literarischer Stoff einzigartig, und in ihrer Tiefe und Vielschichtigkeit unerschöpflich. Sie stellt Verbindungen zwischen Ländern und Nationalitäten her, zwischen alten und neuen Heimaten, zwischen Sprachen und Kulturen. Sie hütet einen Erfahrungsschatz, den sonst niemand hat.
Keine Geschichte soll unerzählt bleiben, weil dafür die Worte fehlen. Zu keiner Zeit waren Wörterbücher leichter verfügbar als heute. Die richtigen Worte zu finden – darin liegt die Herausforderung. Das Material wird gewiss nicht ausgehen.

Dennoch befindet sich die russlanddeutsche Literatur derzeit in einem Dilemma: Schriftsteller der älteren Generation, die teils schon in der Sowjetunion ihre literarischen Werke souverän auf Deutsch verfasst haben, sterben aus, ohne dass sie wirklich Zeit gehabt hätten, ihr Œuvre in Deutschland bekannt zu machen. Auf der anderen Seite wachsen junge Autoren heran, die Deutsch genauso stilsicher beherrschen wie ihre bundesdeutschen Kollegen. Doch viele von ihnen streben die Verschmelzung mit der gesamtdeutschen Literatur an. Dies kann zur Folge haben, dass die für uns relevanten Themen vernachlässigt werden und diese Literatur quasi gänzlich ausstirbt. Um dem entgegenzuwirken, bedarf es dringender Maßnahmen mit expliziter Langzeitwirkung. Vor allem jungen Autoren sollten die Möglichkeiten geboten werden, ihre Werke in prestigestarken Sammelbänden zu publizieren. Sie brauchen dringend eine nachhaltige Förderung.

In zahlreichen deutschen Städten gibt es Literaturbüros. Sie koordinieren literaturfördernde Maßnahmen. Doch sind dort die Interessen der russlanddeutschen Literaten nicht vertreten. Die russlanddeutsche Literatur verfügt nicht einmal über eine halbe Koordinierungsstelle, deren Ziel es wäre, effiziente Konzepte zu entwerfen, Lesungen, Literaturfestivals zu organisieren, literarische Inhalte offensiv an die deutsche Öffentlichkeit zu kommunizieren und nicht zuletzt, Autoren zu beraten. Es gibt zwar positive Tendenzen. Das *Museum für russlanddeutsche Kulturgeschichte* in Detmold bekommt seit kurzem staatliche Subventionen und kann seine Bestände ausbauen. Einem Museum obliegt jedoch die archivierende Funktion. Damit aber die zu archivierenden kunst- bzw. literaturästhetisch wertvollen Werke entstehen können, müssen erst die günstigen Bedingungen geschaffen werden. Es fehlt akut an Strukturen, Sponsoren, Stiftungen, die vielversprechende Autoren umfangreich zu fördern imstande wären. Bedauerlicherweise scheint Mäzenatentum für die russlanddeutsche Geschäftswelt noch ein Fremdwort zu sein. Die Entscheidungsträger sind gefragt. Gute Literatur ist, wie oben gesagt, kein Selbstläufer.

OLEG BREININGER

Waldhaus
Aquarell, 26 x 16 cm, 2015

WLADIMIR EISNER

Vom Sturzkopf ins Krankenhaus
Kurzgeschichten

Angekommen in der BRD, trafen wir auf Beamte.
Das Amtsdeutsch führt zu Verwirrungen.
Eines Tages fragte mich die Nachbarin:
„Du warst doch Berufsjäger?"
„Genau!"
„Das Wort ‚Zuschuss' kommt vom Wort ‚Schuss', nicht wahr?"
„Kann sein..."
„Und was soll es bedeuten?"
„Ich denke, den zweiten Schuss, mit dem man die Qualen eines angeschossenen Wildes beendet, den ‚Fangschuss'."
Die Frau machte große Augen. Das graue Formular aus dem Arbeitsamt zitterte in ihrer Hand.
„Hier steht geschrieben: ‚Wenn Sie alle nötigen Unterlagen mitbringen, bekommen sie einen Zuschuss.'!"
Verdattert starrten wir uns gegenseitig an, dann fragte sie leise:
„Und was ist mit ‚Unterlagen' gemeint? Kinderwindeln, oder?"

In der Abenddämmerung bemerkten wir einen Mann, der am Gartenrand unter einem Schild lag. Er schnarchte entsetzlich und wälzte sich unruhig auf dem Grasbett umher. Eine Alkoholfahne hing in der Luft.
„Wetten, das ist ein Russe!", meinte mein Freund.

„Das kann sein, aber guck mal, er hat es bis zum Schild geschafft und ist dadurch in Sicherheit!"
Auf dem Schild stand: „Anlieger frei!"
„Was soll das bedeuten?"
„Ist doch klar. Wer unter diesem Schild liegt, bleibt frei. Die Polizei darf ihn nicht verhaften!"

Da kam ein Bus der Linie 13, „STURZKOPF – KRANKENHAUS".
„Komisch", meinte mein Landsmann.
„Überhaupt nicht. Sturzkopf ist ein Berg, wo Bergsteiger trainieren, und wo täglich jemand runterrasselt. Die Verletzten bringt man dann mit diesem Bus schnell ins Krankenhaus. So kümmert sich der Magistrat um die Bevölkerung."
„Warum denn nicht einfach verbieten?"
„Wir sind in einem freien Staat. Hier ist nur das verboten, was strafbar ist: Diebstahl, Rauschgift und so was, aber Bergsteigen keinesfalls!
Alles was die Stadtverwaltung tun kann, ist den Leuten zuzuwinken, damit sie wissen: Das Unglück schläft nicht! Deshalb die Nummer 13."
„Da hamma Schwein gehabt, dass wir in Wetzlar wohnen! In Gießen führt die Buslinie 13 direkt zum Friedhof!"

Wetzlar 2016

Auf der Insel Dixon in der Jenissej-Mündung
Photographie, 1984

Kondensmilch für die Bärenmutter
Photographie, 1984

IRINA ENSS

Schläfrig

Jurij Wilgelmowitsch hatte keine Schlafprobleme, eher das Gegenteil. Er war andauernd müde. Um einzuschlummern brauchte er weder ein dunkles Schlafzimmer noch eine weiche kuschelige Decke. Pennen konnte **Genosse Euss** zu jeder Tageszeit und in jeder Position, sogar in den öffentlichen Verkehrsmitteln. In einem leeren Bus stehend zu schlafen ist etwas schwieriger, als im vollen, wenn die Körper der herumstehenden Fahrgäste dich von allen Seiten pressen. Hauptsache, man verschläft die richtige Haltestelle nicht, sonst kann man in eine dumme Situation geraten: zum Beispiel zu spät zur Arbeit zu kommen oder Schlimmeres.

Noch in seiner Kindheit, als **Jurij Wilgelmowitsch** den Kosenamen **Jurtschik** trug, konnte er an einem Sonntag oder Feiertag so lange *haia bubu* machen, dass er beim Aufwachen nicht genau wusste, ob es Morgen oder Abend war. Die Jungs aus der Nachbarschaft hatten schon den ganzen Vormittag zwischen den Abraumhalden gespielt und aßen bereits zu Mittag. Voll ausgeschlafen und gut gespeist, setzte sich **Jurtschik** gemütlich in die Küche mit einer Ausgabe „Junger Techniker" in der Hand. Seine Füße platzierte er dabei auf einem Holzscheit im noch nicht ganz abgekühlten Ofen. In dieser Position konnte er bis zum Abend ausharren.

Nach dem Abschluss der Mittelschule schrieb sich **Jurez** an der Technischen Hochschule Chelyabinsk ein und kaufte sich eine Brille mit getönten Gläsern. Dank ihnen konnte er unauffällig in den Vorlesungen dösen. Besonders hypnotisch waren die obligatorischen Vorlesungen über die Geschichte der KPdSU, politische Ökonomie, marxistisch-leninistische Philosophie und den wissenschaftlichen Kommunismus. Extrem tief schlief man in diesen Vorlesungen frühmorgens, nach der Mittagspause und in den letzten Unterrichtsstunden.

In der Armee blieb **Jurassim** der Gewohnheit zu büseln treu. Zu seinem Glück fielen im Bataillon seine Kreativität und sein Talent zum Zeichnen und Fotografieren schnell auf. Der **Rekrut Euss** bekam einen Abstellraum als Atelier, und sofort steckte er bis über beide Ohren in Arbeit. Gelegentlich schloss er sich in diesem Abstellraum-Atelier ein und entfloh für eine Stunde oder zwei in Morpheus' Arme, während alle anderen Soldaten auf dem Exerzierplatz sich die Füße zertrümmerten oder sich einer anderen undankbaren Tätigkeit widmeten.

Nachdem sein Dienst in der Sowjetarmee zu Ende war, fand **Jurij** einen Job als „bewaffneter Wächter" und mutzelte zwei Tage lang auf einem Wachturm im Wald und die nächsten zwei Tage im Wohnheim. In der von Schlaf freien Zeit besuchte er die Vorbereitungskurse an der Designakademie namens *Vera Muchina*, volkstümlich „Mucha" genannt.

Nachdem **Jurka** die Aufnahmeprüfungen bestand, schrieb er sich fürs Designstudium ein. Auch da haute er sich stets in den oben genannten Vorlesungen aufs Ohr. Vor dem Semesterende und während der Prüfungszeit gelang es ihm aber oft gar nicht, seine müden Augen zu schließen, auch nicht zu dazu vorgesehener Zeit. Manchmal erreichte der Stress seinen Höhepunkt, sodass es dem Studenten nur mit Hilfe von Unmengen Kaffee gelang, drei Tage hintereinander wach zu bleiben, um alle Semesterarbeiten fristgerecht abzugeben. Nachdem alle Prüfungen abgelegt wurden, schlief er besonders gut und lange. **Jurka's** persönlicher Rekord: 25 Stunden am Stück.

Bereits in Deutschland und als frischgebackener Vater eines permanent schreienden kleinen Sohnes schlief **Herr Euss** genauso wie früher blitzschnell ein, ohne das laute Weinen des Babys zu bemerken.

Während seines Studiums an der Uni Wuppertal pennte der **Student Euss** anderthalb Stunden im Zug hin und genau so lange zurück. Einmal ratzte er im warmen Eisenbahnwaggon so fest, dass er glatt die Prüfung in Materialkunde verpasste und noch ein Semester länger studierte.

15 Jahre sind vergangen. **Jurij Wilgelmowitsch** ließ sich ein Bärtchen wachsen und bekam einen Bandscheibenvorfall. In der Firma, wo er an der Laseranlage arbeitete, verpassten ihm seine russischsprachigen Kollegen den Spitznamen „**Ingenieur Garin**". Nach der Arbeit und am Sonntagnachmittag pflegte **Herr Euss** im Wohnzimmer am Kissen zu horchen, und sich bis zum Abendessen zu entspannen. Dann zog er sich mit einem Buch bewaffnet ins Schlafzimmer zurück und nach ein paar Seiten lochte er schon die Bettkarte.

Erklärungen:

Jurij Wilgelmowitsch: Die höfliche Form der Anrede in Russland besteht aus der Kombination aus **Vornamen und Vatersnamen**. Der volle Name besteht aus **Vorname, Vatersname und Nachname** (Fjodor Michajlowitsch Dostojewski). Die Anrede **Herr** oder **Frau** ist für Russland untypisch, setzt sich aber unter westlichem Einfluss in der schriftlichen Kommunikation durch.

Genosse Euss – die Anrede **Genosse** war die offizielle Anrede in der Sowjetunion.

Jurtschik, Jurez, Jurassim, Jurka, Jura – verschiedene Kosenamen von Jurij

Ingenieur Garin – die Hauptfigur im Science-Fiction-Roman „Hyperboloid des Ingenieurs Garin" von Alexei Tolstoi. Der Ingenieur Pjotr Garin verwendet für seine bösen Pläne ein Strahlengerät, den Prototyp einer Laserkanone. Jurij Wilgelmowitsch arbeitete in der Firma an einer Laseranlage, die Kunststoffteile für Werbezwecke ausschneidet, daher der Spitzname „Ingenieur Garin".

Fragile
Collage/Acryl auf Leinwand, 60 x 60 cm, 2008

Sonntags im Park
Collage/Acryl auf Leinwand, 60 x 70 cm, 2011

AGNES GOSSEN

„Was mich nicht umbringt,
macht mich nur härter"...

Mein Völkchen
verletzende Worte...
Brauche einen Schutzschild
vor schmutzigen Stiefeln,
gegen Missverständnisse,
Minderwertigkeitskummer,
Suche ein Schneckenhaus.
Besser ist doch ein Baum,
zu dessen Stamm ich gehöre.
Die Vögel suchen sich
einen Baum für ihr Nest...
Ich will nicht kriechen
im Schneckentempo,
aber das Fliegen
muss ich noch lernen –
der Himmel weckt Sehnsucht
nach einer Heimat...

ELEONORA HUMMEL

Sarah Bernhardt von Temirtau
Auszug aus einem unveröffentlichten Roman über das Deutsche Theater in Kasachstan

Ihr werdet bei mir den schönsten Beruf der Welt erlernen.
Der Satz fühlte sich so vertraut an, dass Arnold sich unsicher war, ob er ihn häufiger von anderen gehört oder selbst gesagt hatte, zu wem auch immer. Wo hatte er ihn zuerst aufgeschnappt, wann und von wem?
Keine Ahnung. Er erinnerte sich nicht.
Ach, war auch egal.
Er spulte den Spruch mit dem schönsten Beruf der Welt ab, wenn neue Schüler zu ihm kamen, und die älteren Semester dürften ihn ohnehin des Öfteren als Appell gehört haben.
Der Satz war sein Vaterunser. Er half gegen alles. Gegen Zweifel. Gegen Niederlagen. Gegen Neidgefühle. Was hätte er seinen Schülern bei diesen Symptomen sonst noch empfehlen können, außer Yoga und der Kraft positiver Gedanken? Alkohol ja wohl nicht.
Der Satz war so tief und fest in Arnolds Kopf verankert wie die Trauungsformel im Gedächtnis eines Standesbeamten. Wer diese Worte nicht verinnerlicht hatte, der konnte gleich wieder gehen und Taxifahrer werden oder Kanalarbeiter.
Das sagte er den jungen Leuten geradeheraus. Sie wollten etwas Bedingungsloses hören und sie bekamen es.
Der Schüler um 14 Uhr hatte kurzfristig abgesagt. Er müsse für eine Matheklausur pauken. Als ob das ein Grund wäre. Erst recht kein triftiger. Nur bei triftigen Gründen berechnete er kein Ausfallhonorar, das erklärte Arnold allen zu Be-

ginn. Aber manche hörten einfach nicht zu. Kamen ihm dauernd mit den dümmsten Ausreden. Auto kaputt, Monatskarte von Hund gefressen, Smartphone gestohlen/verloren/vergessen aufzuladen.

Arnold schenkte sich ein Glas Rotwein ein. Mittags nur ein halbes. Wieder ein Tag vollkommen zerrissen!

Früher hätten ihn weder Rausch noch Fieber davon abgehalten, auf der Bühne zu stehen. Jetzt sagen sie ab, weil sie unfähig sind, ihre Zeit einzuteilen. Weil niemand ihnen beigebracht hat, worauf es ankommt. Pflichtgefühl. Verlässlichkeit. Loyalität. Bei schlechtem Wetter verschlafen sie gern. Bei schönem Wetter wollen sie rausgehen. Und verheddern sich in ihrem Text, sobald auch nur ein Zuschauer in Gestalt eines zufälligen Passanten in Sichtweite kommt.

So sah es mit dem Nachwuchs aus.

Ein großes Talent war dieser Schüler gewiss nicht. Aber Arnold konnte sich die Kundschaft nicht aussuchen. Es war kein leicht verdientes Geld, doch immerhin, der Job hatte noch ganz entfernt etwas mit Schauspielerei zu tun.

Das hatte er Oswald voraus. Denn wenn man einmal den Anschluss verliert, ist es vorbei.

Sein Freund Oswald, einst gefeierte Erstbesetzung für tragende Rollen am Deutschen Theater in Temirtau… derselbe Oswald sagte heute, ach, man dürfe dem Alten nicht hinterhertrauern!

Vorbei ist vorbei! Etwas Neues wird kommen!

Aber Arnold wollte nicht, dass es vorbei war.

Der nächste Schüler käme erst um 15 Uhr 30. Und das Glas war schon leer. War ja auch nur halbvoll gewesen, wenn überhaupt. Arnold mahnte sich zu Zurückhaltung und

Selbstkontrolle, solange mit Kundschaft zu rechnen war, oder du kannst den Laden gleich dichtmachen.
Er könnte zwischendurch spazieren gehen. Tageslicht, frische Luft, Bewegung, sehr zu empfehlen. Oder lieber seinen Agenten anrufen? Auch wichtig. Einfach um den anderen an seine Existenz zu erinnern. Hallo, ich bin auch noch da. Soll heißen: Wann hast du wieder was für mich? Nimmst du deine Aufgabe überhaupt ernst genug?
Zuletzt hatte der Agent Arnold einen schlecht bezahlten Auftritt auf einem Mittelalterspektakel vermittelt. Ob er für den Falknergehilfen einspringen könne, der plötzlich erkrankt sei? Der Falkner drohe sonst, die Show abzusagen, er arbeite nicht gern mit Zuschauern, hatte es am Telefon geheißen.
Ob das sein Ernst sei, hatte Arnold den Agenten gefragt. Um keinen Preis würde er, Arnold, einen lebenden Raubvogel auf den Arm nehmen. Sogar Hähnen gehe er aus dem Weg. Seit frühester Kindheit leide er unter Angst vor Kühen und Pferden.
Angst vor Pferden, das sei ja noch schlechter, sagte der Agent missmutig. Da bliebe nur der Job als Marktschreier. Sonst hätte er noch den Herold anzubieten, wobei dieser die Nähe von Pferden auf einem Ritterturnier auch nicht scheuen dürfe.
Arnold nahm den Herold. Das Wichtigste war, in Übung zu bleiben. Den Anschluss nicht zu verlieren. Und seine Ängste zu überwinden.
Das erklärte er auch unermüdlich seinen Schülern. Ihr dürft Ängste haben, egal wovor, die Auswahl ist ja riesig! Ihr müsst nur die Oberhand behalten, die meiste Zeit und fast überall. Und mit dem Rest habe jeder selbst klarzukommen, dafür sei er nicht zuständig.
Er musste dieser aufgeklärten selbstbewussten allwissenden Jugend kein väterlicher Freund sein – eine Rolle, die einst

seine Dozenten an der Theaterhochschule in Moskau übernahmen, um ihn, den sechzehnjährigen Bauernsohn aus der Steppe, frischgebackenen Besitzer eines Traktorführerscheins, vor den Versuchungen der Großstadt zu schützen.

Er wollte nicht, dass Violetta von seiner Rolle als Herold erfuhr. Natürlich hatte es ihr jemand zugetragen, wenn es darauf ankommt, ist die Theaterwelt winzig wie ein Mohnkorn neben einer Sonnenblume. Jeder weiß alles von allen. Sie lästern genüsslich über Abwesende, waschen einem den Pelz bis auf die Knochen. Der Arnold, ja der hatte Talent, schade, dass er es nicht weiter gebracht hat. Privat abgestürzt, dann blieben die Rollen aus. Und sie, Violetta, die vielseitige Schöne, einst Publikumsliebling des Steppenensembles, hatte sich durchgebissen, von einer Sommersaison im Laientheaterverein bis zur deutschen Provinzbühne, wer hätte das gedacht. Katzen landen immer auf ihren Pfoten!
Sie hätten heute noch zusammen sein können. Als Ehepaar. Wie die anderen Ehepaare. Mehr oder weniger glücklich. Mehr oder weniger treu. Als ob es darauf ankäme.
Eine Familie hatte er gewollt. Vier oder fünf Kinder. Alle musikalisch. Zunächst Klavier und Schlagzeug. Unbedingt Schlagzeug. Sie hätten immer Leben im Haus. Während der Gastspielreisen im Sommer würden sie die Enkel zu den Großeltern aufs Land schicken, mit jedem Jahr würden es mehr werden, jedes Kind eine fertige Persönlichkeit mit je gleichen Anteilen von Violetta und ihm. Und trotzdem ganz unterschiedlich. Die Kleinen würden sonnengebräunt zurückkehren, das Haar nach wildem Wermut riechend, mit Hornhaut an den Fußsohlen vom vielen Barfußlaufen, und beim Wiedersehen mit Mama und Papa sehnsuchtsvoll die

Ärmchen ausbreiten.
So stellte sich Arnold das Glück vor. Damals, mit Anfang Zwanzig.
Aber eigentlich auch heute noch. Er hatte nichts gefunden, keine Erfahrung, keine Vision, um diese Bilderbuchfamilienidylle in seinem Kopf zu übermalen, es gab schlicht keinen gleichwertigen Ersatz, obwohl er sich redlich bemüht hatte. Tag für Tag viele Stunden auf der Bühne und der Applaus des Publikums, Aufmerksamkeit und Ehre, sogar ein bisschen Ruhm, das war großartig, das war befriedigend, das war sein Leben – aber das war nicht alles. Er wollte mehr. Näher zur Sonne. Mehr Licht.
Violetta und er hatten noch während des Studiums geheiratet, in Moskau. Es fühlte sich richtig an, für beide, dachte er. Sie waren gleich, teilten gemeinsame Erfahrungen, den Beruf, das Umfeld, alles schweißte sie zusammen. Und dann das Kind. A wie Arnold junior.
Vielleicht war es unklug gewesen, dass er nach der Geburt des Erstlings sagte, sie könnten ja gleich mit B und C weitermachen. Es sollte seine Freude ausdrücken. Dankbarkeit. Treue.
Arnold seufzte. Dass er von dieser verschütteten Milch nicht lassen konnte! War ein halbes Leben her. Heute hatte er säumige Schüler. Bekamen die Schauspielstunden von den Eltern bezahlt und hielten sich trotzdem nicht an Vereinbarungen.

Violetta hatte ein Engagement am Theater Rudolstadt. Das wusste er von Oswald. Arnold hatte noch abwehrend die Hand gehoben, sei still, erzähl mir nichts! – doch da war es dem Freund bereits entschlüpft.

Rudolstadt also. Wo liegt das überhaupt? Irgendwo östlich. Auf jeden Fall Hinterland. *Maria Stuart* oder eine der *Drei*

Schwestern, so genau wollte er es nicht wissen. Ebenso wenig wollte er ihren Namen googeln oder heimlich Statusmeldungen auf ihrer Facebook-Seite verfolgen.
Vorbei ist vorbei, so war es doch.
Bei seiner letzten Rolle hatte Arnold den Auftrag, aus vollem Halse die Namen der Rittersleute vor dem Turnier auszurufen. Er trug einen samtenen Überwurf mit Fantasiewappen, Pluderhosen, darunter Strumpfhosen, Schnallenschuhe und ein Barett mit schwarzer Feder.
Er hätte auch Hamlet sein können. Er fühlte sich beinahe so.
O Gott, ich könnte in eine Nussschale eingesperrt sein und mich für einen König von unermesslichem Gebiete halten, wenn nur meine bösen Träume nicht wären.
In den Pausen zwischen den Ritterturnieren lümmelte er am Stand *Met & Fruchtweine* herum. Die Met-Verkäuferin trug ein dirndlähnliches Kleid aus sackfarbenem Leinen. Eine Mutter bat darum, ihr Kind neben ihm fotografieren zu dürfen, sie hatte ihn für einen Ritter gehalten. Er posierte mit hocherhobenem Becher in der Hand. Dein Wein schmeckt so süß wie du aussiehst, sagte er zur Verkäuferin.
Erst am dritten Tag, als sie schon ihre Zelte abbauten, gab sie ihm ihre Telefonnummer. Er war ein wenig heiser von dem ganzen Geschrei. In der Lokalzeitung erschien ein Artikel mit einem Foto von ihm. Das diesjährige Mittelalterspektakel sei bei stabiler Schönwetterlage sehr erfolgreich verlaufen, kein Matsch auf dem Turnierfeld, großer Besucherandrang, den Herold habe ein professioneller Theaterschauspieler aus Kasachstan gegeben. *Arnold Bungert mit einem jungen Fan*, lautete die Bildunterschrift.
„Super gemacht", lobte ihn der Agent, „daraus ergibt sich sicher was Neues! Abwarten!"

Bereit sein ist alles.

Natürlich war er nicht spazieren gegangen. Lohnte sich nicht wegen einer Stunde! Allein der Gedanke an die Abfolge der Szenen: abschreckend. Anziehen, Treppe runter, im Kreis laufen, Treppe rauf, wieder ausziehen. Kein *unentdecktes Land* erwartete ihn draußen. Keine *Ophelia* interessierte sich für seine Sünden.

Er schlürfte den erkalteten Kaffeerest aus einer Jumbotasse mit der Aufschrift „Du bist der Größte", die ihm jemand zum 45. Geburtstag geschenkt hatte. Angela? Oder Marie? Wohl eher Ulrike mit ihrem Hang zum Kitsch.

Und Violetta? Hatte zu oft ihr Leben mit der Bühne verwechselt. Fünf Jahre Ehevorstellung, mit Pausen. Wie ihr Gehirn funktionierte, hatte er nie verstanden. Sprunghafte Gedanken, launisches Wesen. Ein falsches Wort entfaltete unversehens die Sprengkraft einer Handgranate.

Aber manchmal war sie auch unglaublich reizend.

„Da kommt unsere *Sarah Bernhardt von Temirtau*", hatte Oswald gutmütig gespottet, „dem Drama stets zu Diensten".

Es hätte vielleicht ein gutes Stück werden können: *Sarah Bernhardt von Temirtau*. Ein sozialheroisches Drama in zwei Aufzügen.

Bevor der nächste Schüler eintraf, würde er frisches Wasser aufsetzen. Ein Tässchen Gewürztee zur Begrüßung. Die jungen Leute mochten das, wenn sie in ihren dünnen offenen Jäckchen aus der Kälte kamen. Und die Eltern freuten sich, wenn ihre Kinder ohne Aufpreis etwas Heißes zu trinken bekamen.

Er stellte Honig, Milch und die Tütchen mit Kardamom und Zimt bereit.

NELLI KOSSKO

Die schenste Sproch uf der ganza Welt

An allem war mein Germanistikstudium schuld. Als dieses Wort im Familienrat fiel, schauten alle überrascht zu meinem ältesten Bruder Richard auf, denn keiner von uns wusste, was man mit diesem so fremd anmutenden Begriff anfangen sollte. Nach Sekunden betretenen Schweigens legte dann unsere resolute Oma los:

- Awer jetzt han ich gnug! Zerscht redscht du wie a ufgepluschteter Hahn a Sproch, die koi Mensch verstehe kann, un nu des Wort do! Jetzt sag mr mol uf guot deitsch, was du von uns willscht! (Richard sprach Hochdeutsch zur größten Unzufriedenheit unsrer Oma, die diese Sprache für ein unter dem Einfluss des Russischen verdorbenes Deutsch hielt).

Richard, sichtlich überrascht von Omas Gefühlsausbruch, hob beschwichtigend die Arme:

- So hör doch zu, Oma! Germanistik ist nicht mehr und nicht weniger als die deutsche Sprache und die deutsche Literatur. Du möchtest doch auch, dass unsere Liesel als deutsches Mädel...

Er kam nicht weiter, denn aus dem Grollen wurde Donner:

- Was soll se lerna? Deitsch?! Ja sag mol, Kerle, sen dir die Ohre mit Gras zugwachsa? Herscht net, wie guot das Kind deitsch reda tuot?! Du kennscht bei unsrer Liesel ruhig mol a bissl Deitsch lerna, kuck numa wie du reda tuoscht! Un bei wem solls Liesel Deitsch lerna, bei de Russa?! Ja bischt du denn von alle guote Geister verlassa wora, dass du uns des antuon willscht?!

Damit ist wieder einmal das Stichwort für eine der unendlichen Diskussionen zwischen Richard und Oma gefallen, was wohl die „echte" deutsche Sprache sein mag. Sie stritten und stritten, doch jeder blieb hartnäckig bei seiner Meinung: Mein Bruder nannte unseren Dialekt ein Kauderwelsch, und die Oma wollte auf keinen Fall sein Hochdeutsch als Deutsch akzeptieren. Schließlich stand die Oma wütend auf, ging in die Küche und begann am Herd so laut mit den Töpfen zu hantieren, dass man sein eigenes Wort nicht mehr verstehen konnte.

Sie war eine bemerkenswerte Frau, meine Oma. Nach dem Krieg in ein verschneites Dorf in sibirischen Urwäldern verbannt, lebte sie weiter, wie sie es von „dr Hoim gwohnt" war. Das „Hoim" war das Dorf Straßburg, eines der vielen deutschen Dörfer am Schwarzen Meer, in dem sie geboren und aufgewachsen war.

Aber auch in der kalten Fremde kleidete sie sich, kochte und sprach so, wie sie es gewohnt war, als habe sich nichts geändert. Als einzige in unserem Dorf trug sie immer noch die alte Bauerntracht von früher: Über dem weiten, in der Taille gerafften Rock, der ihr bis zu den Knöcheln reichte, trug sie eine dunkle Schürze, die an Sonntagen gegen eine himmelblaue mit selbstgehäkelten Spitzen ausgetauscht wurde. Der Stehkragen der miederartigen Bluse schien ihr majestätisches Haupt zu stützen, und das trotz der siebzig Lenze noch üppige Haar, das zu einem schweren Dutt gebunden im Nacken lag, war stets mit einem tadellos gebügelten Kopftuch bedeckt.

Die Leute in unserem Dorf mochten sie, obgleich sie nur schlecht russisch sprach. Da sie ihre Gewohnheiten durchaus nicht ändern wollte, begrüßte sie jeden – egal, ob Russe oder Deutscher - mit einem freundlichen „Guten Tag!", weshalb man sie sehr bald die „Oma Gutentagin" nannte. Der Name bürgerte sich so rasch ein, dass ihr eigentlicher Name – sie war eine geborene Arnold – in Vergessenheit geriet. Als es aber später immer öfter hieß „die Gutentags", bat ich sie eindringlich, ihre Mätzchen zu lassen.

Meine Oma war stur, ließ aber auch mit sich reden, doch das Ergebnis fiel immer zu ihren Gunsten aus:

- Mei Kindle, ich biet de Leit die Zeit, wie mir dr Schnawel gwachsa isch, un wer mich net verstea tuot, der solls lassa!

Es war aussichtslos, sie bekehren zu wollen, und so blieb sie die Oma „Gutentagin", wir aber die „Gutentags".

Sie wollte nicht, gar rein nichts von „dr Hoim" aufgeben. Für sie gab es nur drei Heiligtümer auf dieser Welt: die Bibel, das „Reich" und das Straßburg am Schwarzen Meer.

- Friher, - pflegte sie zu sagen, - friher, do warn das „Reich" und Straßburg fir uns do. Jetzt awer hen mr koi Sraßburg me, mir missa „ins Reich"!

Von „friher" und von „dr Hoim" wusste sie spannend zu erzählen. Vom Duft der Felder, vom Geflüster der Grashalme und von der üppig aufgehenden Saat war da die Rede, vom Gesang der von den Feldern heimkehrenden Bäuerinnen, von den unüberschaubaren Weingärten, von der großen Sonne über der Steppe. Das war ihre Heimat, die sie nach dem Krieg für immer verloren hatte. Nun blieb ihr nur noch das „Reich", mit dem sie immer mehr Hoffnungen verband. Schließlich trug das „Reich" auch den Sieg in der Entscheidung über mein Germanistikstudium davon: mein Bruder ließ Germanistik Germanistik sein und sprach fortan nur noch vom Studium der „reichsdeutschen Sprache". Ich reiste ab.

Von zu Hause kamen Briefe. Sachliche, mit vielen praktischen Hinweisen von Richard, wehmütig-traurige von der Mutter und ... wissbegierige, bäuerlich-schlaue von der Oma. Ihre Briefe waren ein einziger Satz von Anfang bis zu Ende, von Kommata und Punkten schien sie überhaupt keine Ahnung zu haben. Was mich aber schon bei der Lektüre des ersten Briefes stutzig machte, war die Tatsache, dass er nicht in dem von ihr als die „schenste Sproch" gepriesenen Dialekt geschrieben war: was ich da las, war nichts anderes als ein ungelenkes ... Hochdeutsch!
- Na warte, - dachte ich mir, - dich werde ich schon zur Rede stellen!
Und das tat ich während meiner ersten Ferien.
Ich hatte kaum abgelegt und alle begrüßt, als Oma mir ungeduldig, durch verschiedene Zeichen zu verstehen gab, dass sie mich unter vier Augen sprechen möchte. Ich tat ihr nicht den Gefallen, sondern erzählte ausgiebig über die Stadt, in der ich jetzt lebte, über meine Kommilitonen, kurz – über alles Mögliche. Nur von einem sprach ich nicht - von meinem Germanistikstudium. Die Oma saß da wie auf heißen Kohlen und versuchte, mich zu unterbrechen, aber ich ließ mich nicht beirren. Als sie dann beleidigt schwieg, ließ ich doch Gnade walten und sagte in die Runde, ich möchte nun der Oma in der Küche helfen. Als ob der Wind sie vom Stuhl gefegt hätte, eilte sie stürmisch mir voran. Und sofort begann das Verhör:
- Un was lernscht du denn so? Wie isch die reichsdeitsche Sproch? Kann mr se versteha?
Ich unterbrach sie sanft:
- Omilein, - sagte ich ganz leise, - würdest du mir bitte das „Vater unser" aufsagen?

Sie war entsetzt:
- Waas? Das „Vater unser"? Do in dr Kich soll ich beta?! Mei Gott, du bischt krank, mei Kindle, des hoscht du nu vom viele Lerna!
Ich ließ nicht locker:
- Komm schon, - zerrte ich sie am Ärmel, - komm und lies mir mal etwas aus der Bibel vor.
Meine Anwandlung von Frömmigkeit stimmte die Oma friedlicher, sie nahm die Bibel in die Hand und begann zu lesen. Ob sie auch alles verstehe, was sie da lese, wollte ich wissen. Sie tat beleidigt:
- Awer des isch doch unsere Schriftsproch, wie soll ich des net versteha?
Die „Schriftsproch" war ein ganz gewöhnliches Hochdeutsch, nur dass es in Omas Lesart keine Umlaute aufwies. Das war also des Pudels Kern! Nun sah ich eine Möglichkeit, meine Großmutter mit der Germanistik oder, besser gesagt, mit dem Hochdeutschen zu versöhnen. Misstrauisch folgte sie meinen Ausführungen und wollte nicht eingestehen, dass ihre „Schriftsproch" ein Hochdeutsch ist. Aber mir gelang es doch, Samen des Zweifels in ihre Seele zu werfen. Ich besorgte ihr Bücher, sie las sie eifrig, verglich das Gelesene mit den Bibeltexten und wurde immer nachdenklicher. Bald verlangte sie immer neue Bücher, die zu beschaffen in der UdSSR bei Gott nicht leicht war, zumal meine Oma nur die „deitsche" Schrift akzeptierte, das heißt, die gotische.
Dann kam der Zeitpunkt, als es schien, sie sei mit dem Hochdeutschen einigermaßen versöhnt, aber es zu sprechen, wiegerte sie sich, fest darin überzeugt, dass die „Schriftsproch zum Lesa un Schreiwa isch", unser Dialekt aber zum „verzähle".

Da zog ich wieder mit dem „Reich" ins Feld:
- Du musst es aber lernen, Oma, wenn du ins „Reich" fahren willst, sonst versteht dich da kein Mensch ...
Um es ihr begreiflich zu machen, kam ich auf ihre zwei Freundinnen zu sprechen, auf die Krämerin und die Mannweilerin, die beide Plattdeutsch sprachen:
- Wenn ihr nicht in der „Schriftsproch" sprechen würdet, könntet ihr einander gar nicht verstehen. Und genau so ist es in Deutschland, das heißt, im „Reich": stell dir mal vor, du gehst da in ein Geschäft und verlangst nach Krumbera und Riwa! Kein Mensch wird verstehen, was du eigentlich willst.
Der Gedanke, Deutsch sprechen lernen und sich „di Zung verdrehe" zu müssen, wollte ihr gar nicht so passen, doch das „Reich"...
Sie tat ihr Bestes. Bald hörte man sie dann und wann die „Schriftsproch" sprechen, nur mit den Umlauten wollte und wollte es nicht klappen.
Als sie dann doch „ins Reich" kam, ging sie als Erstes in einen Gemüseladen und sagte, mich argwöhnisch im Auge behaltend:
- Ich mechte bitte sche drei Pfund Kartoffeln und finf rote Beete.
Und es hat geklappt!
Doch jedes mal, wenn sie nach Hause kam und die Tür hinter sich zumachte, sprach sie nur die „schenste Sprache uf dr ganza Welt" – ein jahrhundertelang in Russland konserviertes Schwäbisch.

IRINA MALSAM

Die Worte fließen nicht

Die Worte fließen
nicht,
sie bleiben stecken –
in Bildern,
Farben,
in anderen Verstecken,
wie in den Gipfeln
das Unwetter,
gefangen
in der Umklammerung der Liebe,
oder vielleicht
in den inneren Verließen…

Sie glänzen,
schimmern,
tänzeln
wie die Sonnenstrahlen
auf des Wassers
Oberfläche –
nicht fassbar,
unfassbar,
wunderschön…

Die Tiefe
bleibt ihnen verborgen,
die Weite
liegt hinter dem Horizont…

WENDELIN MANGOLD

KGB-MAN

Der hohle
Buchstaben-Ziffern- und
Formeln-Mann
Auf dem Campus
Bis zum Gürtel
Aus den Betonplatten
Ragend –
Putins Ähnlichkeit
Unübertroffen –
Du kannst hinein
Und ihn verlassen
Weder scheppern die Tassen
Noch klingelt die Kasse –
Eben „Putins Briefkasten"*

*so heißt das Buch von Marcel Beyer

Endlich

Seit kurzem wurde ein neuer Planet entdeckt, der zehnte im Sonnensystem, in unvorstellbarer Entfernung von uns. Nun kann man notfalls, will man einen loswerden, ihn statt wie üblich auf den Mond, dorthin schicken. Von diesem Planeten wird er bestimmt, russisch Ты что с луны упал?*, nicht so schnell runter fallen.
*russ (lies: ty schto s luny upal) ahnungslos, wörtlich: Bist du vom Mond runtergefallen?

Auszug aus *Frankfurter Poetikvorlesungen mit Marcel Beyer im Winter 2016. Geburt eines Gedichtzyklus.*

EUGEN MAUL

Die Nächstenliebe

Die Tür geht zu. Drei Schlösser, sechs Umdrehungen des Schlüssels – für jedes Schloss zwei. Ordnung muss sein. Herr Schnurstracks steckt den Wohnungsschlüssel in seinen alten Lederkoffer und setzt den Fuß auf die obere Treppenstufe. Eins, zwei, drei... Insgesamt zwölf Stufen. Die dritte und die elfte quietschen. Die Fenster im Treppenhaus sind offen. In das Gebäude dringen der Duft der blühenden Bäume und das fröhliche Vogelgezwitscher ein. „Mist! Dieser verdammte Frühling", flucht Schnurstracks, der weder Düfte noch Klänge der erwachten Natur mag. Er liebt den Geruch der alten verstaubten Akten und emotionslose Geräusche, die seine treue, in die Jahre gekommene Schreibmaschine, welche er manchmal aus dem Schrank liebevoll herausholt, beim Tippen erzeugt. Schnurstracks ist Beamter und befindet sich auf dem Weg zu seiner Arbeitsstätte im Finanzamt.

Die nächste Wendung der Treppe. Eins, zwei... Hoppla! Urplötzlich bleibt der Beamte stehen. Da stimmt etwas nicht. Unten auf der Treppe liegt ein Mann. Er stößt einen tiefen Laut aus, erblickt den Beamten und lächelt qualvoll. Schnurstracks richtet seine Brille zurecht und fragt mit eiserner Stimme: „Wer sind Sie? Wieso liegen Sie hier mitten im Weg?" Der Mann wischt sich den Schweiß vom Gesicht. „Mein Name ist Bedürftig. Ich wohne hier im Haus, im vierten Stock... Wissen Sie, ich bin da auf den Stufen gestolpert und hab' mir anscheinend den Fuß gebrochen. Könnten Sie mir bitte helfen! Rufen Sie bitte den Krankenwagen. Und ein Schluck kaltes Wasser... Bitte!", sagt er mit zitternder Stimme.

Schnurstracks schaut sich Bedürftig eine Weile verdutzt an. „Wissen Sie, ich bin jetzt furchtbar in Eile... Ich darf nicht zu spät zur Arbeit kommen. In fünfunddreißig Jahren meiner Dienstzeit war ich noch nie zu spät zur Arbeit gekomen... Ich bin ein Mann der guten alten Schule und dulde keine Verspätungen. Tja, heutzutage wird leider kein Wert mehr auf die Pünktlichkeit und Ordnung gelegt... Ich muss wirklich los. Und außerdem habe ich Sie bisher noch nie in unserem Haus gesehen", erwidert Schnurstracks und versucht, sich am liegenden Bedürftig vorbeizustehlen. Das gelingt ihm nicht. „Hören Sie, Sie haben sich aber wirklich breit gemacht. So kann man noch über Sie stolpern und sich den Fuß brechen!", sagt Schnurstracks empört. Bedürftig ergreift stöhnend die Hand des Beamten: „Bitte helfen Sie mir! Bitte! Ich hab' schreckliche Schmerzen." Schnurstracks befreit sich eiligst aus der festen Umklammerung. „Gut, ich helfe Ihnen", gibt er dem verletzten Mann nach einer Überlegung zu wissen: „Ich ziehe Sie ein bisschen weg von den Stufen!"

Kurzerhand ergreift Schnurstracks die Arme des stöhnenden Bedürftig und schleppt ihn die Treppe hinunter zur nächsten Wohnungstür. „So, da liegen Sie gar nicht mehr im Weg und stören niemanden", stellt er zufrieden fest und wendet sich vom Mann ab: „Auf Wiedersehen! Ich muss los". In diesem Augenblick geht die Tür auf, an der Bedürftig liegen bleibt. Eine korpulente junge Frau füllt die Türöffnung aus. Das ist Frau Windig aus dem zweiten Stock. „Was soll das? Wieso liegen Sie hier rum? Direkt vor meiner Tür! Und wer sind Sie überhaupt?", ruft sie zu Schnurstracks blickend mit Entsetzen aus.

„Ich bitte um Entschuldigung, gnädige Frau. Mein Name ist Schnurstracks, ich wohne hier im Haus im dritten Geschoss. Dieser Herr... äh... hat sich hier auf der Treppe unglücklicherweise den Fuß gebrochen und ich habe... äh...", stottert nervös Schnurstracks. „Und Sie haben ihn wie einen Kartoffelsack vor meiner Tür abgelegt, nicht wahr? Was haben Sie sich eigentlich dabei gedacht? Schämen Sie sich! Es ist so was von rücksichtslos... Ich hätte ja über den Mann stolpern können und mir womöglich den Fuß brechen!", empört sich Frau Windig. „Hilfe, Hilfe!", ruft währenddessen Bedürftig und versucht sich an den Beinen der Frau festzuklammern. „Ich... Ich kann jetzt nicht. Ich muss ganz dringend zu einem Friseurtermin", erwidert sie und versucht sich zu befreien. „Wieso stehen Sie so dumm da? Helfen Sie mir doch... Wir schleppen den Mann rüber zum Nachbarn", wendet sich Windig an den verwirrten Schnurstracks. Der Beamte ist sofort zur Stelle. Die beiden schnappen sich die Hände des stöhnenden Bedürftig und zerren ihn zu der Wohnungstür gegenüber.

Kurz darauf wird dieselbe aufgemacht und an der Schwelle erscheint ein athletischer Mann um die fünfzig. Das ist Herr Dumm. Er reibt sich vor Erstaunen die Augen. „Was hat das alles zu bedeuten? Wer seid ihr?", fragt er nach einer Weile erzürnt. „Es ist so... äh... Wir sind Ihre Nachbarn. Dieser Mann da hat sich den Fuß gebrochen... und wir wollten ihn ein wenig zur Seite schieben", ergreift Frau Windig das

Wort. „Das ist ja unerhört! Ihr habt wohl einen Sprung in der Schüssel... Ich könnte ja über ihn fallen und mir den Fuß brechen!", schreit sofort Herr Dumm los. „Hilfe! Helfen Sie mir", bettelt weinend Bedürftig am Boden. Dumm kratzt sich am Nacken: „Tut mir leid, hab jetzt keine Zeit. Ich soll zu einem wichtigen Kunden. Ich werde schon erwartet... Äh... Ein anderes Mal vielleicht." „Warten Sie. Ich hab' eine Idee. Wir schleppen den Mann nach unten. Dahin, wo niemand vorbeiläuft", schlägt strahlend der Beamte Schnurstracks vor. „Ja, ja, am besten in den Keller mit ihm", meldet sich zustimmend Frau Windig zu Wort.

Im selben Augenblick ergreifen Schnurstracks, Windig und Dumm die Beine des winselnden Bedürftig und ziehen ihn die Treppe hinunter. Bedürftig stöhnt vor Schmerz. Er stößt sich mehrfach den Kopf an den Stufen. An der quietschenden Kellertür angelangt atmen die drei kurz durch. Anschließend schieben sie den verletzten Mann in die dunkle Öffnung und eilen sofort zum Ausgang. Stöhnend und winselnd rutscht Bedürftig die Kellertreppe hinunter. Die schwere Tür geht hinter ihm quietschend zu.

ANDREAS PETERS

Berg Predigt ins Tal

es wurde den alten gesagt:
sünde ist ziel
verfehlung.
(beim biathlon
dreht man strafrunden).

ich aber sage euch:
„du sollst nicht töten".
wenn es
heiß wird, schießt
das standardgewehr G36
übers ziel hinaus.
das ist keine sünde.

Verbannungen

die kahlgeschlagene wand als
verlichtete grundfläche gibt
sich keine waldblöße. die
verbannung des kreuzes aus
dem klassenzimmer. einen
baum erkennt man nicht am
laub, sondern an knospen,
sagt herr förster, der pädagoge,
sie schießen früchte, sie stellen
keinen an die wand. nur die

wahrheit gibt sich blöße vorm
loswurf um das gewand, sagt
die zunge zu den berührungs-
ängsten der geschmack knospen.

„Judengasse"

läuft mir entgegen
berichtet von Glasscheiben
nicht eingeschlagen von
Türen nicht ins Haus gefallen
noch ins Schweigen.
Die Gasse läuft mir entgegen wie
die Bibel in Hebräisch von rechts nach
links von hinten nach vorn

Alte Heimat

Russische Kirche, Zwiebeltürme
treiben Tränen in die Augen. Ich
schließe sie. Moskau glaubt nicht
an so was. Mit Gold nicht aufzuwiegen
die Zwiebeln auf St. Petersburger Bazar.

Schule

Kinder, wir üben Zeitstufen:
Lenin lebte,

Lenin lebt,
Lenin wird immer leben.

Aleschka, Baptist, beugt sich zu mir:
Opa sagt, Lenin ist an Syphilis verstorben.

Wir laut:
Lenin lebte.

Ostern in Russland

Leningrad.
Peter der Große dreht sich im Grabe um.
Sankt Petersburg.
Lenin dreht sich im Mausoleum um.
Wolgograd.
Stalin bittet das Mausoleum verlassen zu dürfen.
Woskressensk*.
Die Auferstehung Jesu Christi von den Toten.
Istra. Der Fluss in Zentralrußland flutet die
leere Gruft zum mäandrierenden Flussbett.

*russ. Auferstehung von den Toten. Stadt, heute Istra, nach dem gleichnamigen Fluss umbenannt.

Wiege

Mir wurde nicht in die
wiege gelegt die heimat,
eher die verbannung in

den ural. kein gedicht
von heine, sondern das
von mandelstam. keine
„prawda" wurde mir
vorgelesen, sondern ein
blatt aus der bibel vom
samisdat. keine schuh-
rede gehalten von nikita
chrustschow, nur die berg-
predigt vom „Pik Lenina".
man hat mir den mund
nicht stopfen können
mit wodka noch selbst-
gebrannten samogon,
sondern mit kuss, einem
kuss, dann stutenmilch
als aperitif. ein gedicht
fuhr mir über die lippen.
danach blutete das herz.
paar brosamen und ein
gebet in platt gaben ihr
bestes zur nacht. wera,
nadeschda, ljubow, meine
drei schwestern, kicherten
auf einem ofenbett vorm
einschlafen. sie fanden
das leben noch heiter. ich

träumte fragil: was wird
mir wohl beim aufwachen
dann in die erdgruft gelegt?

NIKOLAUS RODE

Credo

Der Mensch und das Unmenschliche war und ist das ständige Objekt meiner Darstellung der Verschleppung. Kreuze, Kreise, Dreiecke, Zick-Zackmuster; die in den Kulturen der Vorzeit oft eine Dekoration zu sein scheinen, tragen in meinen Bildern symbolische Bedeutungen. Hier wie dort hat man uns immer die „Nationalitäten-Jacke" aufgezwungen, um damit unsere Menschenwürde in einen falschen Pfad zu lenken. Meine Symbole deuten auf eine Wirklichkeit hin, die nicht weniger wirklich ist. Ich suche nicht die Schönheit, sondern die Wahrheit des Lebens. Das heißt nicht, dass ich bunte Farben nicht malen kann! Meine Arbeiten handeln vom Erlebnis und vom Bewusstsein des Erlebnisses. Mit den symbolischen Elementen stelle ich das Schicksal der vertriebenen Deutschen aus Russland dar.

Unter zwei Mächten
Mischtechnik (Acryl/Glaspartikel/Sand/Lwd.), 65 x 97 cm, 2005

Entwurzelt
Collage (echtes Wurzelholz und anderes Material), 60 x 57 cm
2009

Die nackte Wahrheit – Sibirien
Mischtechnik (Acryl/Öl/gemahlener Sand/Moos/Leinwand)
98 x 111 cm, 2005

SLATA ROSCHAL

Wenn du später selber Kinder hast, verstehst du das …

internationales Sprichwort

Meine Familie war ziemlich konservativ, aber auf ihre eigene, originelle Art. Bei uns zu Hause herrschte eine Mischung aus russischer Familientradition, sowjetischer Zensur, religiösem Fanatismus und den individuellen Spezifika meiner Eltern. In der dunklen Perestroika-Zeit, als sie mit zwei kleinen Kindern in einem WG-Zimmer hausten und ums Überleben kämpften, wurden sie Zeugen Jehovas und ließen nicht mehr von ihrem Glauben ab. Als ich vier Jahre alt war, zogen wir nach Deutschland um, ich hatte einen jüdischen Großvater, der bereits in Deutschland war, und diesem Großvater durften fünf andere Personen, seine Frau, seine Tochter, sein Schwiegersohn, seine Enkelkinder folgen. Mein Vater arbeitete, meine Mutter machte den Haushalt, aber sie hatte immer das Wort, und alle Angelegenheiten, die unsere Familie betrafen, wurden von ihr entschieden. Ich mochte es eigentlich, wenn ich nach der Schule nach Hause kam und Mutter nicht zu Hause war, aber dieser Fall traf selten ein. Zu Hause guckten wir alte sowjetische Filme, bei neueren Märchenverfilmungen und Familienkomödien durfte die Altersbeschränkung nicht höher als sechs sein. DVD-Filmsammlungen enthielten manchmal etwas von *Unsittlichkeit*, *Gewalt* und *Spiritismus*, diese drei Begriffe waren bei uns eine Art Zauberformel des Bösen. Wenn zu Hause mal keiner da war, und das war selten der Fall, schaute ich mir heimlich diese Filme an, und nahm alle noch so zaghaftesten Anspielungen auf die menschliche Sexualität fasziniert auf, diese sowjetischen 80er-Filme waren für mich die Kiste der Pandora, aus der ich etwas über die Welt erfuhr. Wahrscheinlich wurden diese Filme damals mit einem ähnlichen Gefühl gedreht, mit dem ich sie mir zwanzig Jahre später anschaute – vorsichtig, wenn keiner von den Mächtigen zuguckte, mit geheimer Freude und Provokation, aber auch Angst. Danach stellte ich die DVD wieder an ihren Platz zurück, machte den Fernseher und den DVD-Player aus, entfernte den DVD-Adapter aus dem Fernseher und strich den Teppich glatt.

Ich war schon als Kind sehr kurzsichtig, trug aber keine Brille, weil sie mich meiner Meinung nach noch hässlicher machte, erst mit sechzehn kaufte ich mir gegen den Willen meiner Mutter Kontaktlinsen und sah die ganze Welt auf einmal scharf. Außerdem las ich viel, viel mehr als heute, obwohl ich Dostojewskijs Raskol'nikow oder Nietzsches Übermenschen zu sehr auf mich persönlich bezog und diese Bücher keinem größeren Zusammenhang zuordnen konnte. Übrigens war ich auch die einzige in meiner gesamten Familie, die Dostojewskij liebte. Wir hatten eigentlich viele Bücher zu Hause, es wurde immer gern gelesen bei uns, aber es war eben naives Lesen, das Lesen um des Lesens willen, das Buch als Symbol und Freizeitbeschäftigung. Meine Eltern kauften nie zeitgenössische Bücher, nur solche, die sie früher mal zu Schulzeiten gelesen hatten. Seltsamerweise stand bei uns auch Remarques *Im Westen nichts Neues* im Regal, wo doch ein Teil der Protagonisten Prostituierte und Alkoholiker waren. Wenn ich mich nicht irre, sagte Mandelstam über den ersten Bücherschrank, er präge den Lesegeschmack des Kindes für sein Leben lang. Es ist etwas Wahres dran, deshalb sammle ich heute alle möglichen Bücher, die mir wichtig erscheinen, für meinen dreijährigen Sohn, auch wenn ich sie selbst nicht gelesen habe, und hoffe, dass er irgendwann in beiden Sprachen lesen kann. Mein Vater schrieb in seiner Jugend Gedichte und ging auf Rockkonzerte, durch ihn kam ich auf *DDT* und höre ihre Musik immer noch. Ich habe wenig von den Gedichten meines Vaters gelesen, ich weiß nicht, ob ich es je machen werde, genauso wie er meine nicht liest. Meine Mutter hatte immer eine Meinung, was Kunstrichtungen anbetraf, sie verstand nichts von Abstraktheit und wollte auf Gemälden schöne Landschaften und schöne Menschen sehen. Alles, was über ihren Horizont hinaus ging, bezeichnete sie als philosophisch – und Philosophie hatte ihrer Ansicht nach nichts in der Kunst zu suchen.

Ich war meiner Mutter ziemlich unähnlich, ich hatte keine Locken wie sie, ich war ganz anders, und dafür liebte sie mich weniger als meinen Bruder. Mein Vater liebte mich mehr, dafür stand er in völliger Abhängigkeit von meiner Mutter, ohne die er keine Entscheidung traf und die er vielleicht sehr liebte. Wahrscheinlich ist das der Grund, warum ich mir später immer Männer auswählte, die älter als ich waren und die Infantilität meines Vaters kompensierten. Auch hasste ich es, wenn meine Mutter am Sonntagmorgen ungeschminkt am Frühstückstisch saß; ich konnte es nicht verstehen, warum sie sich absichtlich so hässlich lässt, warum sie ihre hellen Wimpern zur Schau stellt. Außerdem hasste ich die zu kurzen Cordhosen meines Vaters, die seine Knöchel offen ließen, und die ungewaschenen Haare meines Bruders, der nur ungern duschte. Manchmal hasste ich sie alle, manchmal liebte ich sie, es wechselte sich ab.

Besonders war in unserer Familie auch, dass ich und mein Bruder nicht wussten, wer wir sind. Während meine Eltern eindeutig Russen mit – der Legende nach – jüdischen Wurzeln waren, die nach Deutschland gekommen sind, waren ich und mein Bruder Russen, Juden, Deutsche, alles in einem und hatten es schwer, uns Gleichaltrigen anzuschließen. Der offizielle Bekannten- und Freundeskreis meiner Eltern war russisch, es waren auch russischsprachige Armenier, Kasachen oder Ukrainer dabei. Ich las viel in Russisch, hatte aber eine vage Vorstellung von der russischen Rechtschreibung, mit der ich erstmals im Slawistikstudium konfrontiert wurde. Der Glaube der Zeugen Jehovas hatte viel an Jüdischem, so war das Alte Testament trotz seiner Aufhebung durch Christus weiterhin leitgebend, und dieser Glaube passte in dieser Hinsicht gut zu meiner Mutter, die viel Wert auf ihre jüdische Abstammung väterlicherseits legte und sich dessen sicher war, dass alle talentierten Menschen der Welt Juden seien und dies meinem Vater an Einstein, Schiller, Heine, Mandelstam und deren gebogenen Nasen zu beweisen versuchte.

Wenn ich gefragt wurde, wie ich nach Deutschland kam, wusste ich zunächst nicht, ob ich das mit dem Jüdischen sagen sollte, irgendwann merkte ich aber, dass dieser Tropfen jüdischen Blutes in mir in Deutschland als exotisch gilt und zum Vorteil gereicht. Russen nehmen das Jüdischsein gelassener wahr, wahrscheinlich weil viele von ihnen selbst Juden sind, aber bei den vielen Definitionen des Jüdischseins – mütterlicherseits, väterlicherseits, als Religion, als Rasse, als Nationalität – ist es schwierig, klarzustellen, wer jetzt Jude ist und was es überhaupt heißt.

Jeden Samstagabend gingen wir zu Oma und Opa und guckten russische, deutsche und israelische Nachrichten im Fernseher, lasen russische Illustrierte, in denen es viel um Familie und Beziehungen ging, Opa las auch eine jüdische Zeitung, die ich ein paar Mal aufschlug und langweilig fand. Mein Opa hörte sich prinzipiell beide Neujahrsansprachen an, in Russisch und in Deutsch, und ärgerte sich gleichermaßen über die zur Schau gestellte Gläubigkeit ehemaliger KGB-Offiziere wie über die geschmacklosen Anzüge von Frau Merkel. In unserer Stadt gab es mehrere kleine russische Geschäfte, in denen man slawische – oft in Deutschland hergestellte – Lebensmittel kaufen konnte, Käse, Quark, Pelmeni, Schokoladenpralinen, Limonade, Getreideflocken, Konserven, aber auch Spielzeug aus China, illegal kopierte DVD-Filme, und man konnte dort Pakete abgeben, die man in sein Heimatland schicken wollte. Für viele Russen in unserer Stadt waren diese Läden überlebenswichtig, auch wenn es eine offizielle Post und gewöhnliche Discounter mit russischen Lebensmitteln gab. In diesen kleinen Geschäften ging alles ganz anders zu als in den deutschen, man kannte sich, es gab Sympathien, verborgene Feindschaften, man interessierte sich für die Familienverhältnisse des Ladenbesitzers, achtete nicht auf ein abgelaufenes Haltbarkeitsdatum und diskutierte mit der Verkäuferin, warum bei ihnen alles so teuer sei.

Vater sprach besser Deutsch als Mutter und lernte sogar deutsche Phraseologismen und Sprichwörter mit Wörterbuch auswendig. Miteinander sprachen wir nur Russisch, und obwohl Lehrer und Mitschüler uns oft sagten, dass es nicht richtig sei, in Deutschland zu leben und auf seiner Muttersprache zu beharren, machten wir es trotzdem. Als mein Bruder sich kurz vor dem Abitur in seiner Klasse einfand und Freundschaften schloss, sprach er fast ausschließlich Deutsch und einen kleinen Teil der russischen mündlichen Alltagssprache, wenn er mir aber eine SMS auf russisch schrieb, konnte ich sie kaum entziffern. Das lag nicht nur am lateinischen Alphabet, das kyrillische Zeichen ersetzen sollte, auch schrieb er so, wie er hörte, wie er es aussprach, und es war ein sonderbares Russisch. Einige Wörter aus dem Deutschen benutzten wir auch im Russischen, wenn wir kein Analog fanden, uns die Übersetzung zu kompliziert erschien oder wenn das deutsche Wort zu einer Art unübersetzbarem Terminus wurde – *Sozialamt, Arbeitsamt, verkaufsoffener Sonntag, Discounter, Termin. Termine* gibt es im Russischen nicht – man verabredet sich, man schreibt sich in eine Liste, in einen Kalender ein, man muss zu einem bestimmten Zeitpunkt irgendwo sein, man trifft sich, aber das respekteinflößende, vollkommen ernste Wort *Termin* gibt es nur im Deutschen. Als Kind hatte ich Probleme mit den Wörtern *Eichhörnchen* und *Fahrscheinknipsen*. Als ich in der zweiten Klasse bei einem Jungen um seinen *Tintenkiller* bat, ich hatte nämlich keinen, ein Zauberstift, der Fehler und Kleckse verschwinden ließ, sagte ich zunächst *Tittenkiller*, wurde ausgelacht und verstand nicht warum.

Im Gymnasium fand ich es cooler, die Außenseiterin zu spielen, und das war ich tatsächlich auch, und blieb die Russin. Vielleicht hatte ich auch keine Wahl, vielleicht lag es an mir, meiner Kurzsichtigkeit, meiner Belesenheit, meiner Schüchternheit, und nicht an dem Russischen, vielleicht hätte ich auch als Deutsche keine Freundschaften schließen können. Im Geschichtsunterricht verteidigte ich das meiner Meinung nach übertrieben verteufelte sowjetische Regime und versuchte, Themen wie die Vergewaltigungen deutscher Frauen durch die Rote Armee auf andere umzulenken, etwa den Zynismus der Konzentrationslager. Ich verteidigte meine angebliche Heimat, an die ich mich kaum erinnern konnte, und balancierte zwischen zwei Formen des Nichts-Seins, des Russischseins und des Deutschseins, denn beides traf auf mich nicht zu und ich konnte meiner eigenen Meinung nach weder gut Russisch noch gut Deutsch reden. Trotzdem war ich mir sicher, dass Russisch meine Muttersprache ist und ich in Russisch denke – und manchmal in Deutsch rede. Jetzt bin ich mir dessen gar nicht sicher, erstens, weil ich manchmal auch in Deutsch denke, und zweitens, weil ich gar nicht weiß, ob ich in einer Sprache denke oder die Sprache nur zur Formulierung meiner abstrakten sprachlosen Gedanken benutze, auch wenn die ausgewählte Sprache dabei gleichzeitig mein Denken beeinflusst. Ich glaube, ohne Russisch könnte ich nicht sprechen und schreiben, aber auch nicht ohne Deutsch. Deutsch ist für mich eine etwas grob gebaute Sprache, in deren harter Aussprache und starrem Satzbau ein eigentümlicher Reiz liegt. Russisch ist weicher, melodischer, gefühlsbetonter. Das kann natürlich auch daran liegen, dass ich alle Liebeserklärungen und Zärtlichkeiten bisher nur auf Russisch erhalten und gegeben habe.

ARTUR ROSENSTERN

angesichts der ewigkeit

auf moskauer lichtadern ist verlass im september
nächster krieg kommt ins wohnzimmer auf dem
glänzend-schwarzen tablett wohlig warm auf dem
sofa weiche kissen stützen den nicht alt werden
wollenden kopf deine augen sind liebenswürdig
genauso wie jeder zentimeter deiner sonnen
geküssten haut – du bist zu spät ich bin
zu früh zur welt gekommen wir waren nie
für einander bestimmt warum glaubst du mir
nicht deine augen strahlen mehr mut aus als ich
ihn je hatte was sind schon dreißig jahre angesichts der
ewigkeit sagt mir dein blick ich senke meine augen
beschämt zu boden vielleicht hast du recht wir werden
es im nächsten leben erfahren bis dahin wünsche ich dir
alles glück dieser tränen- und blutdurchtränkten erde
vergib mir

umwandlerin

für E. S.

du saßt auf dem steg während der brise dein
gesicht zugewandt dem blank polierten
meer die lider geschlossen als fürchtest du
dich vor der verblendung – allein ich sah die
nackten worte buchstabenembryos die du mit
jeder faser deiner haut einsaugtest – sprachst du
wieder mit deinen schwestern den bewohnern des

ozeans die einst die wahrheit der welt mit sich in
die tiefen des wassers trugen

tröpchenweise geben sie dir die wahrheit zurück
dein golden leuchtendes haar verriet dich
ich sah dich eines nachts während
alles noch schlief du schnittst die gespaltenen haar-
spitzen ab formtest sie zu buchstaben und
jenen worten die uns längst abhanden
gekommen sind

so sehr hast du die welt geliebt ich werde
es für mich behalten vielleicht wenn
du verstehst was ich meine

der morgen kam

für Maria Radner

der morgen kam und wieder schien die sonne
die uhr schritt leise weiter als wären ihr die opfer gleich
die stadt verfiel in starre das grab wird ausgehoben
dein weg ist dort zu ende am sonne atmenden berge

und zu dem strand dem weiten wogenblauen
werd ich mit dir nicht niedersteigen
ich werd vergeblich deine augen suchen
nach dir die möwen fragen ich bleib gehüllt in unglücks
schweigen

Anlässlich ihres Todes am 24. März 2015 bei dem Flugzeugabsturz in Südfrankreich. Frei nach dem Lied von Richard Strauß *Und morgen wird die Sonne wieder scheinen*.

weihnachtspotpourri

hoch tut euch auf ihr tore der welt
vom himmel hoch da komm ich her
ich bring euch gute neue mär
lasst das licht ein und die töne lasst uns singen
dem neugeborenen kindelein ein concerto grosso
ein grave und ein vivace von arcangelo
corelli

halt ich fange neu an
die frequenz muss ich einstellen

ich setz mich in die zweite reihe
auf dem podium die engel ganz in schwarz
musik ertönt manch eine geige und trompete
ist ihrer schritte sich nicht sicher sie
suchen tastend die perfekte welle ihre
stimmen gedämpft zuweilen heiser
                wackelig und leise

doch ihre blicke und das antlitz
o gott sie sind so himmlisch
ist das nicht der eine der momente
die uns einflößen es sei magie wenn
augen schneller um die fremden
seitenblicke wissen als der kopf

sechs sonnen jede hat zwölf augen
gefangen im beton sie bringen
alle säulen deines hauses
zum zauberhaften leuchten
diese gemäuer sahen viele engel gehen

ich bitte dich enttäusch sie nicht
lass sie des lebens nicht vorzeitig überdrüssig
werden ich seh in ihren augen hoffnung
wachsen mit jedem ton mit jedem wort des
lieds lass sie mich verbinden die augenblicke
zu einer kette die um den
erdball zwölfmal reicht
lass ihre liebe böses überwinden
lass die gefühle schneller reifen
als den verstand verräter

wir alle sind noch kinder
mit vierzig sechzig mit neunzig
allemal lasst das geschwafel
vom erwachsenwerden einzig
was sich im leben ändert sind
das spielzeug und die spiele

was soll ich sagen meinem engel
der da mich plötzlich fragt – aber im
richtgen leben ists doch nicht so schlimm
natürlich nicht – hör ich mich sagen und
denke mein liebes kind pass du bloß auf
im richtgen leben ist es zwölfmal so schlimm
lass uns doch lieber den choral anstimmen

brich an du schönes morgenlicht

dann wirds schon wieder

MELITTA ROTH

Besuch der Krähenvögel

Dieses Jahr hatte sich der Schwarm eine ruhige Nacht ausgesucht. Melitta wartete schon seit Tagen auf die Ankunft der Vögel, immer wieder starrte sie durchs Fenster zur großen Pappel am Dorfbrunnen und heute Abend waren die Krähen endlich da. Sie würde sich später davonschleichen, um sie zu beobachten.

Es hatte abgekühlt und der Wind jagte den ganzen Tag die Wolkenfetzen am Himmel. Doch jetzt war die Nacht klar und der Himmel wolkenlos. Die Krähen waren nicht immer pünktlich zu ihrem Geburtstag da, aber sie kamen oft in derselben Novemberwoche und brachten ihr mit ihren rauen Stimmen ein krächzendes Ständchen.

Nachdem alle anderen zu Bett gegangen waren und sie nur noch die leisen Geräusche der Schlafenden hörte, wagte sie sich vor die Tür. Die Bäuerin mochte nicht, dass sie zu den Krähen ging. Weil sie doch Unglück brachten.

Eine einzige Krähe zu sehen, heißt: schlechte Nachrichten kommen ins Haus, die mit Krankheit zu tun haben. Das hat zumindest immer die alte Kaatz gesagt, die ganz allein neben der Schule wohnte. Und sie muss es ja wissen, sieht selber aus wie eine alte Krähe, so zerzaust wie sie ist und immer in schwarz. Zwei Krähen dagegen zeigen ein Fest an, erzählte sie immer. Auch drei zu sehen, bedeutet Glück, kurz darauf folgte nämlich eine Hochzeit. Muss aber nicht die eigene sein. Bei vier Krähen ist das Kindlein unterwegs. Fünf Krähen bringen Geld und sechs eine Warnung, wer sieben sieht, wird auf Reisen gehen. Doch acht Krähen brachten Verderben.

Und dennoch liebte Melitta die Krähen und freute sich auf ihr Kommen. Die Vögel hatten bereits die große Pappel, die nah beim Dorfbrunnen stand, in Beschlag genommen. Das Haus der Bauern, bei denen sie seit dem Tod der Eltern als Verdingkind lebte, befand sich nicht weit davon. Melitta zog sich die zu großen Galoschen über und lief hinaus in die Nacht, um das Schauspiel zu beobachten. Sie fragte sich, ob die Vögel morgen früh noch da sein würden, um sie zu begrüßen, wenn sie zum Melken in den Stall lief.
Melitta lehnte sich an die Rinde und schaute hoch. In jedem Zweig saß eine Krähe oder mehrere. Und dann dieser Krach. Das heisere Kreischen aus hunderten von Vogelkehlen. Sie verstand nicht, dass die anderen dabei ruhig in ihren Betten bleiben konnten.
Sie lauschte, sie war selbst nicht acht, nicht zehn, nein, hundert Krähen, die sich heiser schrien. Die aufflogen und sich nieder ließen, immer ein Dutzend auf einmal, um dann im ganzen Schwarm den Himmel zu durchsieben und herabzusinken, nicht lautlos, das nicht, aber leichtfüßig, die Äste wackelten nicht einmal. Die große Pappel war geschmückt mit unzähligen Vogelleibern. Schwarz gegen das tiefe Blau der mondlosen Novembernacht. Sie konnte stundenlang dort stehen, die Kälte macht ihr gar nichts aus, sie war nur Auge und Ohr, saugte jede Bewegung, jeden Laut in sich auf. Wie schaffen es diese vielen Vögel oben am Himmel nicht aneinanderzustoßen? Als bildeten sie einen einzigen Körper, als würde jede Krähe im Schwarm spüren, wo die nächste hinfliegen wollte.
Plötzlich war wieder Ruhe. Und in diesem leisen Moment hörte sie ein Geräusch näher kommen. Ein Motorengeräusch rumpelte die Feldstraße hinab, und sie sah die beiden leuch-

tenden Augen des Automobils die Dunkelheit zerschneiden. Als der Wagen vorbeifuhr, flogen die Vögel in wildem Geflatter auf und konnten lange nicht zur Ruhe kommen. Melitta schmiegte sich noch enger an den Stamm in der Hoffnung, dass die Männer sie nicht sehen würden. Die Krähenmänner in ihren schwarzen Ledermänteln, in ihrem schwarzen Rabenauto. Sie kannte das Geräusch schon und sie kannte die Kommissare.

Sie sind nicht wegen eines zwölfjährigen Waisenkindes gekommen, dachte Melitta grimmig, wen werden sie wohl diesmal abholen? Sie lauschte gespannt, auf welcher Höhe der dunkle Kastenwagen wohl halten würde. Am anderen Ende des Dorfes. Aber da wohnten schon fast nur noch Frauen und Kinder und alte Leute; die arbeitsfähigen Männer hatten sie schon alle mitgenommen.

Grad vor zwei Wochen waren sie da und haben den Fuhrmann-Oskar geholt, und davor schon den Emil Wettstein, der mit ihrer Cousine Lydia verheiratet war. Drei kleine Kinder und eins unterwegs. Und warum? Es hieß, sie hätten drüben in Amerika eine Tante, die ihnen Post schickte. Dabei haben sie seit mehr als zwanzig Jahren nichts mehr von ihr gehört. Und oft brauchte es einen viel geringeren Grund. Bald würden nur noch Frauen in ihrem Dorf bleiben, sich um die Tiere kümmern, die Feldarbeit machen. Wen würde es heute Nacht treffen? Wen wird der schwarze Rabe diesmal mitnehmen? Der Rabe ist ein Krähenvogel, das hatte ihnen der Zweitlehrer Nürnberg beigebracht. Und ein Zugvogel obendrein. Und die alte Kaatz hat ihnen alles weitere erklärt, dass neun Krähen für ein dunkles Geheimnis stehen. Und zehn meist einen Todesfall anzeigen. Die war schon lange alleine in dem zu großen Haus, die alte verwirrte Frau, seit sie ihren Mann und die beiden Söhne auf offenem Feld erschossen haben. Aber sie hatte wenigstens ihre Körper behalten können, die sie begraben durfte. Das Glück haben nicht alle. Welche Frau, welche Kinder werden morgen mit verweinten Augen aus ihrer Stube torkeln, in Schweigen gehüllt? Nachdem das Automobil auf dem Rückweg noch einmal die Krähen aufgescheucht hatte, wartete Melitta, bis wieder Ruhe einkehrte, und schlich sich leise durch die Waschküche zurück ins Haus. Sie hatte nicht sehen können, wer hinten in dem großen Kastenwagen saß. Die schwarzen Vögel rumorten noch auf den Zweigen der Pappel. Diesmal brauchten sie lange, um sich zu beruhigen. Auch Melitta konnte nicht schlafen. Es waren also wieder Kommissare im Dorf gewesen. Schwarze Krähenmänner in ihrem Rabenauto. Die brachten immer Verderben, egal wie viele sie waren. Das wusste sie auch ohne die alte Kaatz.

EDGAR SEIBEL

Benimmst du dich deutsch-russisch?

Wie kann man schon über eine deutsch-russische Beziehung sprechen, ohne dabei die fleischgewordene Brücke zwischen beiden – die Russlanddeutschen – zu erwähnen? Beginnen möchte ich mit einer im Netz kursierenden Liste über einige ihrer angeblichen Eigentümlichkeiten. Aber mit meinem Senf versehen:
Du bist Russlanddeutscher, wenn ...

- ... du in der Verwandtschaft Leute mit dem Namen *Alexander, Johann, Peter, Andreas, Viktor, Katharina, Irina, Natascha, Olga* hast.

(Ich selbst habe ziemlich viele Verwandte mit dem Vornamen *Alexander*. Allem Anschein nach vergab man ihn, weil er sowohl männlich als auch sehr international herüberkommt.)

- ... dir Verniedlichungen wie *Lenatschka, Arturtschik, Annuschka* oder *Vikula* geläufig sind.

(Das hat man sich von der russischen Kultur zu eigen gemacht. Russen lieben Koseformen. Allerdings wussten schon die alten Wolgadeutschen um eigene Verniedlichungen, konnten somit einen Karl = Kall(j)e oder eine Lena = Lenje nennen.)

- ... deine Mutter vier Speisen auf einmal zubereiten kann und nebenbei noch telefonieren.

(Ein strenger Unterschied zwischen Mann und Frau im Haus wurde bereits durch die alten Russlanddeutschen in den Familien gefördert. Die Küche gehörte der Frau. Doch ist diese Vorliebe für möglichst prallgefüllte Esstische wohl eher slawischen Ursprungs. Ich persönlich glaube nicht, dass dies etwas mit den Kriegsjahren zu tun hat. Die Osteuropäer lieben es, sich die Mägen vollzuschlagen.)

- ... deine Mutter dich mit dem Namen eines deiner

Geschwister anspricht und du aufgehört hast, sie zu korrigieren.
(Hat wahrscheinlich damit zu tun, dass die Russlanddeutschen überwiegend materialistisch sind und die Kinder eher als eine Verpflichtung ansehen, weniger einfach als Menschen mit einer Persönlichkeit. Dieses häufige Nicht-Beachten der Individualität entstammt mit Sicherheit dem sowjetischen Kommunismus, der zu gern eine Nation von gesichtslosen Kreaturen geschaffen hätte.)

- ... deine Mutter, Tanten und andere Bekannte Sonderangebote auswendig können und die genauen Preise von Obst und Gemüse im Kopf haben und sich nach einer Preiserhöhung gegenseitig informieren.

(Der Materialismus lässt wieder grüßen. Hier schießt die „Sucht nach mehr" in den Vordergrund, ausgelöst durch den Sprung aus einer Gesellschaft, in der es wenig gab, in eine, in der es viel für den Bürger zu haben gibt.)

- ... deine (Groß-)Eltern zu ihren Schulzeiten täglich acht oder mehr Kilometer zur Schule laufen mussten.

(So wahr! Jedes Mal, wenn wir Kinder uns in der Familie über irgendwelche Schwierigkeiten beklagten, schalteten sich die Großeltern mit exakt dieser Predigt ein.)

- ... du deine Eltern in der deutschen Sprache verbessern musst (von Englisch reden wir erst lieber gar nicht).

(Erwachsenen fällt das Erlernen einer neuen Sprache bekanntlich schwerer. Trotzdem meine ich zu erkennen, dass der Russlanddeutsche der Generation meiner Eltern keinen großen Wert auf Sprache legt. Ständig will er sich kurz fas-

sen. Ein Überbleibsel des Bauerntums der Wolgadeutschen? Oder des Kommunismus?)
- ... deine Mutter Borschtsch und Zwieback macht.

(Trifft nicht auf meine Mama zu. Scheint wieder russisch zu sein. Ich weiß nicht mal, wie Borschtsch schmeckt.)
- ... du mit jedem verwandt bist und deine Eltern dir sagen können, um wie viele Ecken welcher Opa mit wem verwandt ist.

(Trifft vollkommen zu! Nervt mich ein wenig, da ich bei so einer Aufzählung den Überblick verliere. Stammt offenbar aus der Zeit, als Wolgadeutsche besonders viel Acht auf ihre Sippe geben mussten. Kommt heute im Westen irgendwie „barbarisch" daher.)
- ... dein Vater früher ziemlich viel Mist gebaut hat und du für eine halb so schlimme Sache gleich Hausarrest und Internetverbot bekommst.

(Das ist richtig. Die Väter sind in einer Zeit des „Wegnehmens" aufgewachsen. Man kann es zweideutig verstehen: Die Leute meinen damit die Zeit der Anarchie, der Gorbatschow-Ära, doch ich würde noch das Wegfallen intensiver Erziehung heranziehen, da viele der Eltern dieser Generation längere Zeit aufgrund der Arbeit von zu Hause wegblieben. Ebenso tat der Afghanistankrieg sein Übriges.)
- ... du zumindest mit deiner Oma Plattdeutsch sprechen musst.

(Da meine Familie nicht aus Mennoniten besteht, sprechen meine wolgadeutschen Großeltern Pfälzisch, was kleingeistige Personen hierzulande oft für den russischen Akzent halten. Aber die würden selbst das Hochdeutsche eines Deutschen als ausländisch abtun, wenn sie erfahren, dass er mal im Ausland gelebt hat.)

ELENA SEIFERT

Die Engel der Dinge

Der Baumrindenengel

Er ist hinter der alten Baumrinde.
Den Finger vor dem Mund – fass' mich nicht an,
ich bin die junge Rinde,
das Leben dieses Baums.

Der Regenfassengel

Ein Falter ist
auf der grünlichen Wasserfläche.
Er wird ertrinken! Ich nehme ihn in die Hand.

Ach, das ist ja kein Falter,
sondern ein Engel!

Ein winziger.
Mit Flügeln am Rücken, in einem nassen
Hemdchen.

Ich will dieses Wunder mitnehmen,
aber der Engel flattert von der Hand auf
und taucht mit einem Schwung ins Fass ein.

Um ihn bangend neige ich mich dem trüben Wasser zu.
Vom Fassboden steigt leichtes klares Licht auf.

Der Blütenblattengel

Das Blütenblatt ist sich selbst ein Engel.

Der Manuskriptengel

Wenn ein Manuskript zu einem Buch geworden ist,
hatte es also einen Engel.

Der Samenengel

Der Samenengel ist unsichtbar.
Das ist ein Wind.

Der Stadtengel

Die Stadt knirscht noch, lacht, atmet den Gestank,
und der Engel blickt ganz leise in die Fensterlein hinein
und zählt die schlafenden Einwohner.

Der in der Erde begrabene Glockenengel

Du Glocke, gräme dich nicht.
Nach dir sucht man,
um zu deinem Klang zu werden.

Die goldene Nadel

Einer wirft aus dem Heißluftballon
Ballastsäcke ab,
ein anderer – eine goldene Nadel,

und es geht ihm besser…

Deutschland

Eine Mauer spaltet mich.

Sie geht
der Länge nach mitten durch meinen Leib hindurch,
nachdem sie im Bereich des Herzens eine Schlinge gelegt
und es die Sonnenallee entlang zerschnitten hat.

Das linke Ohr
hört nicht,
was das rechte erfuhr.

Das rechte Nasenloch
ahnt nichts von dem Aroma,
welches
das linke
genießt.

Meine Zunge
ist gespalten
wie die einer Schlange.

Nur meine linke und rechte
Gehirnhälfte
senden einander Signale zu.

Warum habe ich mich immer noch nicht an den Schmerz
gewöhnt?

Warum träume ich davon, dass ich aufzustehen versuche,
zusammenwachse und keine Narben mehr habe?

ROSE STEINMARK

> „Theater wurzelt immer in einer
> vergangenen Gesellschaftsformation…"
> Heiner Müller

Deutsches Theater in Russland

Die unüberschaubar reiche Tradition des deutschen Theaters in Russland nahm ihren Anfang am 30. Mai 1672 in der Sommerresidenz des Zaren Alexej I. Michailowitsch. Das in deutscher Sprache gespielte Stück „Die Taten des Artaxerxes" verkündete die Geburt des Deutschen Theaters in Russland.
Der aus Merseburg stammende Pastor Johann Gottfried Gregorii (1631-1675) gründete ein Schauspielerteam, in dem deutsche Schüler und Handwerker aus Litauen und Russen mitspielten. Die Vorführungen waren für den Zarenhof bestimmt, wurden aber auch von den Einwohnern der „Nemezkaja sloboda" (Deutsche Vorstadt) besucht. Es war ein kühner Versuch des Regisseurs Gregorii, der mit dieser Aufführung auch ein politisches Zeichen setzte: Im Prolog hatte er dem Zaren empfohlen, den Deutschen Schutz und Unterstützung zu gewähren, was ein deutlicher Hinweis auf die Nöte dieser Minderheit in Russland war.
Zur Blütezeit der deutschen Theaterkunst in Russland kam es erst im 18. und 19. Jahrhundert, als zahlreiche deutsche Bühnen in Sankt Petersburg, Reval, Riga und Moskau entstanden, auf denen Shakespeare, Goethe, Schiller, Lessing, Molière oder Goldoni gespielt wurden. Namhafte Theaterkünstler aus Deutschland standen an der Spitze der Entwicklung des Deutschen Theaters in Russland und im Baltikum, unter ihnen Johann Ludwig Büchner, Friedrich Mark, die Sängerin Elisabeth Ma-

ra, Frederike Caroline Neuber und viele andere.

Diese Daten, Namen und Titel bezeugen in diesem kurzen Beitrag die Anfänge der allgemeinen Geschichte des Deutschen Theaters in Russland nur fragmentarisch, aber man kann sie mit Sicherheit als Grundstein der Entwicklung des deutschen Theaters des 20. Jahrhunderts nennen, eines Theaters, das unter dem Zeichen „sowjetdeutsch", später „russlanddeutsch", seine Existenz bestreiten musste.

Die Geburt des „sowjetdeutschen" Theaters liegt in der Zwischenkriegszeit, in der sich das launische Intermezzo, welches den Deutschen in der Ukraine und in der Wolgarepublik die Agitationsbühnen boten, abspielte. Nach einem sowjetischen Regierungsbeschluss wurden 1932 ein Akademisches Deutsches Staatstheater und ein staatliches Kindertheater in Engels eröffnet. Sogenannte Kolchos-Sowchos-Theater entstanden 1935 in Marxstadt und Balzer an der Wolga. In der Ukraine entwickelte sich aus einem „Theaterstudio" ein vom Staat finanziertes Deutsches Theater, das mit seiner letzten Aufführung noch am Abend des 22. Juni 1941 die Zuschauer begeisterte. Nennenswert sind auch das Deutsche Arbeiter- und Bauerntheater in Odessa (1933) und das Deutsche Gebietstheater in Dnepropetrowsk (1935). Am Theater in Dnepropetrowsk arbeiteten einige Jahre der deutsche Schauspieler Georg Trepte und der in Deutschland bekannte Regisseur Maxim Vallentin, dem das Ensemble die Inszenierung des Schauspiels *Der zerbrochene Krug* von Heinrich von Kleist zu verdanken hatte. Insgesamt zählte man vor dem zweiten Weltkrieg in den deutschen Siedlungsgebieten der Sowjetunion fünf deutsche Theater und zahlreiche deutsche Laiengruppen. Hochbegabte Schauspieler spielten neben klassischen internationalen Bühnenstücken auch moderne russische sowie deutsche klassische Dramatik.

Besondere Aufmerksamkeit aber gilt der Tätigkeit des staatlichen deutschen Theaters in der Hauptstadt der Autonomie der Wolgadeutschen, Engels (Pokrowsk). Die Debatten zur Eröffnung eines deutschen Theaters in Engels begannen schon 1925. Zahlreiche Briefe mit Vorschlägen und Meinungen, adressiert an verschiedene Instanzen der Wolgarepublik und der Sowjetunion sowie an die Botschaft der UdSSR in Deutschland, beschrieben die dringende Notwendigkeit eines deutschen Theaters für die Bevölkerung der Republik. Doch es vergingen Jahre, bis das Rad sich endlich in Bewegung setzte.

Der Verwirklichung dieser Idee standen immense Schwierigkeiten im Wege, in erster Linie das Fehlen eines entsprechenden Gebäudes. Erst im November 1932 wurde endlich das Theatergebäude mit einem großen hellen Foyer, einer ausgestatteten Bühne sowie Künstlergarderoben eröffnet.

Das schöpferische Leben des Ensembles wurde sinnvoller und anregender, nachdem außer den talentierten jungen Russlanddeutschen in die Truppe auch Schauspieler aus Deutschland aufgenommen wurden. Zu ihnen gehörten Adolf und Rudolf Fischer, die am Piscator-Theater in Berlin gearbeitet, im Sommer 1929 in der UdSSR gastiert und sich dort niedergelassen hatten; Karl Weiner, Dramaturg und Schauspieler des Theaters in Leipzig, seine Frau Maria Rochhausen, eine Schauspielerin; Hans Claudius, ein Schauspieler der „Deutschen Volksbühne", den man nach seiner Mitarbeit am sowjetischen Film *Die Erde* (Zemlja) in seiner Heimat politisch verfolgte; Heribert Trigan, Ulla Wimler, Gertrude Hofmann und andere. Leider hatten die Schauspieler des Deutschen Theaters in Engels kaum Möglichkeiten, von diesen erfahrenen

Theatermachern etwas zu lernen – „Ausländer" und „Einheimische" bewegten sich auf dem schöpferischen Podium nicht miteinander, sondern nebeneinander, was zum Teil seine politischen Gründe hatte und aus heutiger Sicht nachvollziehbar ist.

Das Jahr 1933 verschlug mehrere Künstler, die das faschistische Regime nicht tolerierte, nach Russland. Erwin Piscator, Mitglied der Kommunistischen Partei Deutschlands, Begründer des Proletarischen Theaters in Berlin und Chefregisseur der „Volksbühne", bot der Regierung der ASSR der Wolgadeutschen seine Dienste an. Der bekannte Theatermacher verfasste ein Schreiben an die Regierung der Republik, in dem er seine Gedanken zur Entwicklung des nationalen Theaters beschrieb und seine Idee zum Ausdruck brachte, in Engels ein Institut für Theaterkunst zu eröffnen. Ein Traum, der nie in Erfüllung ging. Von besonderer Bedeutung war, seiner Meinung nach, die Schaffung eigener nationaler Dramatik, dabei dachte Piscator in erster Linie an die wolgadeutschen Literaten Andreas Saks, Gerhard Sawadzky, I. Elberg und natürlich auch an weltbekannte Schriftsteller wie Bertolt Brecht und Erich Weinert, welche den jungen Theaterschaffenden und Schreibenden unter die Arme greifen sollten. Piscator schlug dem Theater vor, in sein Repertoire deutsche klassische Dramen wie *Kabale und Liebe* von Schiller, Goethes *Egmont*, Brechts antifaschistische Stücke und Hauptmanns Bauernkomödien aufzunehmen. Um seine weitgehenden Pläne umzusetzen, musste Piscator jedoch noch viel Kraft und Mut in den Kampf gegen die kommunistische Bürokratie investieren. Erst in der Spielzeit 1935/36 konnte er sich völlig dem Theater widmen – er ernannte den Schauspieler Reich, der *Das Trojanische Pferd* von Fr. Wolf auf der wolgadeutschen Bühne inszenierte, zu seinem Stellvertreter und Regisseur und stellte M. Vallentin als Chefregisseur des Staatstheater Engels ein. Gleichzeitig sollte sich Reich auch um das Niveau der Kolchos-Sowchos-Theater in der Wolgarepublik kümmern. Der talentierte Regisseur inszenierte in einem Monat Ibsens *Nora* (Das Puppenhaus) mit den wolgadeutschen Schauspielern F. Richter, L. David, W. Wegner und V. Faller. Kurz darauf standen auf dem Spielplan Stücke wie *Emilia Galotti* (Lessing) und *Der zerbrochene Krug* (Kleist). Bedauerlich, dass E. Piscator sein ideales Theaterprojekt in Engels nicht gänzlich umsetzen konnte: Im Auftrag der Kommunistischen Partei Deutschlands reiste er nach Paris, durfte aber nicht mehr nach Moskau zurückkehren, das Schwert des Damokles drohte auch den anderen Schauspielern aus Deutschland. Viele mussten Russland verlassen und sich sicherere Orte suchen. Das Repertoire und das Theaterleben wurden nun gründlich von Parteifunktionären kontrolliert, es trafen dauernd Anweisungen ein, in denen „konkrete Vorschläge" zu jeder Inszenierung gemacht wurden.

So verlangte man vom Theater, dass es 1938 ein Stück über das „Leben der Massen" in der Wolgarepublik auf die Bühne brachte. Das Theater stellte sich diesem Auftrag etwas später. Am 23. Mai 1939 fand die Premiere der Stücks *Fritz wird zum Helden* von A. Saks statt, welches von dem jungen wolgadeutschen Regisseur V. Lang inszeniert wurde. Die Behörden waren mit der Ausführung ihres Auftrags zufrieden. Das Stück kam auch bei den Zuschauern gut an, es sprach sie an und schilderte Schicksale von Menschen aus ihren Reihen. Parallel liefen die Proben zu Gogols *Heirat* und *Viel Lärm um nichts* von Shakespeare.

Zum 23. Jahrestag der Oktoberrevolution präsentierte Regisseur Leo Gläser das Schauspiel *Der eigene Herd*, ein neues Stück des Theaterdramaturgen A. Saks. Die Erfolge des Theaters wurden immer sichtbarer, was von den Parteibehörden des Öfteren betont wurde.

So kann man einem Brief an die Verwaltung des Volkskommissariats der RSFSR entnehmen: „In neun Jahren seiner Bestehung wuchs im Theater ein kräftiges, schöpferisches Kollektiv, das sich mit praktischer Arbeit bewiesen hat, heran". Das Ensemble entwickelte seine besten Eigenschaften, wurde zusehends professioneller und die Inszenierungen qualitativ besser.

Im zehnten Jahr seines Bestehens hatte das schöpferische Team große Ziele – zum Jubiläum sollte eine unvergessliche Feier veranstaltet werden, doch man schrieb das Jahr 1941!

In der ersten Jahreshälfte spielte das Theater 75 Aufführungen vor 11520 Zuschauern. Die Vorbereitungen zum zehnjährigen Jubiläum liefen auf vollen Touren. Am 27. Juli ging die gesamte Theaterbesatzung in den Urlaub. Nach dem Urlaub wurde nicht mehr wirklich gearbeitet.

Die Schauspielerin Hilda Faber erinnerte sich: „Viktor Lang probte mit uns an dem Stück *Der Junge aus unserer Stadt*. Plötzlich erschien hinter den Kulissen Georg Toppe mit einer Zeitung in der Hand. Im Zuschauerraum kam unser Direktor auf Lang zu und redete auf ihn leise ein. Ich eilte zu Georg, nahm die Zeitung und verstand sofort, was passiert ist: Der bekannte Beschluss über die Aussiedlung brachte alles durcheinander. Den deutschen Schauspielern wurde fristlos gekündigt …".

In den Theaterunterlagen, die im Staatsarchiv Engels aufbewahrt werden, sind zu diesem Ereignis spärliche Eintra-

gungen zu lesen: „Am 3. September 1941 wurden 48 Kündigungen den Theatermitarbeitern deutscher Nationalität auf Beschluss des Präsidiums des Obersten Sowjets von 28. August 1941, unterzeichnet von M. I. Kalinin, ausgestellt."
Am 11. September 1941 wurde das Staatstheater Engels auf Anordnung des letzten Chefregisseurs E. W. Skazin endgültig aufgelöst. Genauso wie die Heimat der Staatstheaters – die Autonomie der Wolgadeutschen.
Erst fast ein halbes Jahrhundert später kam es zur Gründung eines neuen Deutschen Theater in der UdSSR, und zwar im fernen Kasachstan. Im Dezember 1980 führte es in der Stadt Temirtau als sein erstes deutsches Schauspiel *Die Ersten* des sowjetdeutschen Dramatikers Alexander Reimgen auf. Wenig später zog das Theater in die kasachische Hauptstadt Alma-Ata um und wurde zunehmend professioneller.

Als Quellen wurden verwendet:
Ausstellungskatalog *Geschichte und Kultur der Deutschen in Russland/-UdSSR. Auf den Spuren einer Minderheit.* Landsmannschaft der Deutschen aus Russland (Hrsg.), Sigmaringen: Jan Thorbecke, 1989.
J. M. Jerina: *Aus der Geschichte der Wolgadeutschen* (russ.). Universität Saratow (Hrsg.), 1995.
Hermann Haarmann, Lothar Schirmer, Dagmar Walach: *Das „Engels" Projekt. Ein antifaschistisches Theater deutscher Emigranten in der UdSSR (1936-1941).* In: Dt. Exil 1933-45. Bd. 7. Worms: Heintz, 1975.

Bildlegenden für die nächste Seite:
Oben: Staatstheater Engels. Aufnahme Curt Trepte um 1936.
Mitte: Der Schauspieler und Regisseur Curt Trepte malt das Plakat für Henrik Ibsens *Nora* am Deutschen Staatstheater Engels. Eigenaufnahme Curt Trepte, 1937. (Beide Akademie der Künste, Berlin)
Unten: Schauspieler des Deutschen Kolchos-Sowchos-Theaters Marxstadt; in der vorderen Reihe links: Hermine Schmidt.

SERGEJ TENJATNIKOW

Freiheit

Alle reden heutzutage von der Freiheit, haben aber keinen blassen Schimmer, was sie bedeutet. Wenn sie Freiheit sagen, dann meinen sie damit etwas, was außerhalb unserer Reichweite liegt. Es verhält sich etwa wie mit der Antarktis. Jedermann weiß, wo sie liegt, welches Klima da herrscht und welche Tiere sie bewohnen, aber niemand kommt aus der Antarktis. Hast du einen Menschen gesehen, der von sich behaupten kann, dass er auf dem weißen Kontinent geboren wurde? Na ja, genauso sieht es meiner Meinung nach mit der Freiheit aus, alle reden davon, und keiner hat sie je erlebt! Ich selbst habe vieles durchmachen müssen, viel zu viel, als das es ein einfacher Mann wie ich ertragen könnte. Und ich machte mir Gedanken über die Freiheit. Ich will nicht sagen, dass ich sie genießen konnte, aber immerhin, ich weiß, was das Wort Freiheit bedeutet. Wenn du willst, kann ich dir erzählen, was sie ist. Die Nacht ist lang, und so einen gutmütigen Gesprächspartner wie mich wirst du nicht so schnell wieder treffen. Aber schenke zuerst ein, mir wird schon trocken im Halse. Ich darf ja nicht einschenken, da ich Dienst habe. He, he …

ICH NICKTE, SCHRAUBTE DEN FLASCHENVERSCHLUSS AUF UND MACHTE DIE GLÄSER VOLL.

Worauf wollen wir trinken? Auf unser heutiges Thema: Auf die Freiheit!

WIR TRANKEN. ER HOLTE TIEF LUFT UND SCHWIEG EINEN MOMENT. ICH WARTETE.

Na ja, mit einem Bein kommt man nicht weit, wiederholen

wir das.

WIR TRANKEN NOCH EINMAL.

Es ist so. Als ich sieben Jahre alt war, wurde ich eingeschult. Meine Eltern kauften mir eine Schuluniform, die ich sehr mochte. Ich zog sie schon Wochen vor dem Schulanfang an und ging damit zu Hause auf und ab. Ich stellte mich vor den Spiegel und schaute mich von allen Seiten an. Diese Schuluniform war einfach das Beste, was ich je besaß. Am ersten Schultag ging ich mit meinen Eltern zur Schule. Die Schule fand ich nicht so schön wie meine dunkelblaue Uniform. Mir gefiel es, in der Uniform auf der Straße zu spazieren, ich fand es aber blöd, im Klassenraum zu sitzen und auf das Unterrichtsende zu warten. Am nächsten Tag schwänzte ich den Unterricht, meine Eltern bekamen Besuch von der Klassenleiterin, und ich wurde von meinem Vater am darauf folgenden Tag auf dem Schulweg begleitet. Ich wehrte mich, wie ich nur konnte, aber der Vater blieb stur und zog mich hinter sich her. Ich legte mich auf die Erde, er schleifte mich den ganzen Weg, und als wir an der Schule ankamen, war mein linkes Hosenbein zerrissen, und die Jacke sah wie ein Putzlappen aus. So begann mein Leidensweg durch die Schule. Ich beugte mich dem Verhängnis, und ging ab nun jeden zweiten Tag zum Unterricht. Die Schulleitung rächte sich an mir, indem ich jedes Jahr zweimal wiederholen musste. So schaffte ich gerade sechs Klassen und wurde ohne Abschluss in die Welt entlassen. Von meinem Traum, Eisenbahner zu werden, war ich noch weiter entfernt als vor der Schule. Lass uns auf diese jämmerlichen Jahre trinken. Was kann trauriger sein als ein Kindheitstraum, der an dem Schultor zerschellte.

WIR TRANKEN.

Sofort nach der Schule wurde ich einberufen. Ich schaffte es nicht einmal, über die linke Schulter zu spucken, um mich von der Jugend zu verabschieden, da stand ich in einer grünen Uniform auf dem Platz. Die Laufbahn gestaltete sich zu meinem Besten, ich verpflichtete mich nach dem Grundwehrdienst und wurde zum Feldwebel befördert. Ich wurde bei der Truppe für die innere Sicherheit eingesetzt, die mit polizeilichen Aufgaben betraut ist. Du weißt schon, Terroristen jagen, Katastrophen, Kriminalität bekämpfen und ähnliches. Ich wurde von meinem Chef bevorzugt. Ich bin großgewachsen, fast zwei Meter, war einer der Kräftigsten in der Kompanie, konnte schießen wie der Teufel, aber das Beste: Keiner machte es mir im Kampftrinken nach. Der Vorgesetzte schickte mich zu den benachbarten Truppenteilen, wo ich um die Wette trinken musste. Ich verlor keine einzige. Den Kater durfte ich dann in der Kaserne ausschlafen. Lass uns auf die Armee trinken, ohne sie wären wir alle längst tot!

ER STAND AUF UND KIPPTE EIN. DANN SALUTIERTE ER UND SPRACH DEN FAHNENEID.

Also, nach einiger Zeit ging der Chef nach Moskau, und ich wurde in die Schutzeinheit versetzt. Ich wurde Aufseher im Gefangenenlager. Das nächste Lager lag siebzig Kilometer weiter, das naheliegende Dorf – hundertzwanzig. Und dazwischen Taiga und Sumpf. Zehn Jahre lang bewachte ich die heimischen Bewohner. Sie fällten Holz, und ich putzte mein Gewehr und las Bücher, die ich in der Schule nie gelesen hätte. Wenn du so lange im Lager lebst, dann wirst du entweder hart wie Lärchenholz oder... du wirst selbst Gefangener, ein Gefangener der Umstände. Als Aufseher war ich natürlich besser aufgehoben als die Lagerinsassen. Ich konnte weggehen, Urlaub hatte ich auch, aber ich blieb alle Jahre im Lager. Ich hatte keine Familie, war nicht am Reisen interessiert, sparte nicht für ein Auto, wollte nicht einmal neue Jeans kaufen. Ich ging oft jagen und einmal im Jahr fuhr ich in die Stadt, um mich mit Tabak und neuen Büchern einzudecken. Die Gefangenen mussten Holz fällen, und ich passte auf, dass sie das auch taten, und keinen Blödsinn machten. Na ja, da war ein Gefangener, mit dem ich mich gut verstand, da war ich schon zum Offizier ernannt, zum Hauptmann, und dieser Typ, ich meine den Insassen, mit dem ich gut konnte, der war eigentlich ein guter Bursche... Ich weiß nicht mehr genau, warum er im Knast saß, ich glaube, er stand Schmiere bei einem Ladeneinbruch oder er machte jemanden kalt, aber das ist alles unwichtig. Lass uns auf diesen guten Kerl trinken, auf alle guten Kerle, auf die ganze Menschheit will ich mit dir trinken!

DER WODKA WAR ZU ENDE. ER STARRTE MICH WIE EINEN DUMMEN SCHÜLER AN.

Na dann musst du welchen holen, ich muss arbeiten und darf den Raum nicht verlassen. Hier um die Ecke ist ein Kiosk, aber sag der Frau, dass der Wodka für mich ist, sonst verkauft sie dir einen Fusel, danach bekommst du Engelserscheinungen samt dem lieben Gott.

ALS ICH ZURÜCKKEHRTE, SASS ER AUF SEINEM STUHL IN DER COWBOYPOSE, DIE FÜSSE BARFUSS AUF DER TISCHPLATTE UND DIE SCHIRMMÜTZE TIEF AUF DER STIRN. ER HOB DEN DAUMEN HOCH UND ZEIGTE DANN NACH UNTEN. ICH STELLTE DIE FLASCHE AUF DEN TISCH UND SETZTE MICH. NACHDEM WIR AUF DEN PRACHTKERL AUS DEM LAGER GETRUNKEN HATTEN, FUHR ER FORT.

Mit diesem Typ trank ich zwei oder drei Mal, obwohl es strikt verboten war. Und einmal wollte er abhauen, er erzählte mir nichts davon, aber man sah es ihm an. Er wurde ruhig und wortkarg. Es war in meiner Schicht. Ich sah noch, wie er sich von der Mannschaft entfernte, er tat so, als ob er großes Geschäft erledigen musste. Ich verlor ihn kurz aus den Augen, dann sah ich nur noch seine Jacke zwischen den Bäumen. Es waren dreißig Meter Entfernung… Gieß mir noch etwas russischen Essig ein.

ER TRANK, STELLTE DAS GLAS AUF DEN TISCH, HOB DIE AUGEN ZUR DECKE UND ATMETE TIEF EIN:

Hast du auf jemanden geschossen?

ICH WAR MIR NICHT SICHER, OB ER MICH ODER SICH SELBST FRAGTE. DIE FRAGE SCHWEBTE IN DER LUFT WIE ZIGARETTENRAUCH UND WOLLTE SICH NICHT AUFLÖSEN. ICH ZÖGERTE MIT DER ANTWORT, ER SCHAUTE IMMER NOCH ZUR DECKE.

Ich war ein Jäger, ein erfolgreicher. Entlaufene Insassen wurden auch gejagt. Das waren königlich inszenierte Jagden: Hunde, dutzende Aufseher, Absperrketten, Hubschrauber. Jagen war mein Alles: Beruf und Berufung. Wenn ich einen Gefangenen eskortieren musste, stellte ich mir vor, wie ich auf ihn schieße. Ich schritt hinter ihm her, sein grauer Rücken bewegte sich kaum im blendend weißen Meer von Schnee. Ich hob mein Gewehr und zielte auf die Stelle, wo sein Herz schlug, der Mensch drehte sich langsam um, er lächelte. Er hatte keine Zähne, er lächelte wie ein Kind, das ein langersehntes Spielzeug sah. Er freute sich und streckte die Hände nach dem Gewehr aus. Zehn Jahre lang zielte ich auf diesen Menschen und schoss kein einziges Mal.

Als ich bemerkte, dass sich dieser Gefangene, Jura hieß er, davon machte, zögerte ich. Hätte ich geschossen, hätte ich ihn bestimmt getroffen. Uns trennten nur dreißig Meter. Aber ich habe nicht einmal einen Warnschuss abgegeben. Man fand ihn, oder besser gesagt, das, was von ihm übrigblieb, ein halbes Jahr später. Er schaffte es nicht. Hätte ich damals geschossen, würde er jetzt am Leben sein. Ich ließ ihn laufen und tötete ihn damit. Manchmal erscheint er mir im Traum mit einem Loch in der Brust und erzählt von seinem Leben. Er sagt, im Lager habe er viel gelernt, über sich selbst und andere. Er habe genügend Zeit gehabt, um Menschen besser verstehen zu können. Weggelaufen sei er damals, weil er begriffen habe, dass das Lager ihm nichts mehr bringen würde. Er dankt mir, dass ich ihn damals gehen ließ. Möge die Erde ihm leicht sein.

WIR TRANKEN SCHWEIGEND.

Nach diesem Fall nahm ich mir Urlaub und fuhr in die nächste Großstadt, in diese hier. Im Suff zettelte ich eine Prügelei an und schlug zwei herbeigerufene Milizionäre zusammen. In der Ausnüchterungszelle wussten Milizionäre meine Heldentat zu schätzen, und ich bekam ein Jobangebot. Seitdem arbeite ich hier. Seit drei Jahren leite ich diesen Laden. In einem Monat ist es aus, die Ausnüchterungsstation wird dicht gemacht. Ich kündige, ich will nicht bei der Miliz bleiben. Ich habe mir ein Haus gekauft in einem verlassenen Dorf. Du wirst es nicht glauben, die Luft schmeckt da nach frischer Milch, obwohl es im Dorf keine Kühe gibt. Ich werde im Wald Beeren und Pilze sammeln. Jagen will ich nicht mehr. Das habe ich lange genug gemacht. Ich will meine Uniform, diese graue Haut, endlich abwerfen, sie hinter mir lassen. Ich will Imker werden.

ER BLICKTE MIR IN DIE AUGEN, ALS OB ER FRAGEN WOLLTE, OB ICH SEINEN GEDANKENGANG NACHVOLLZIEHEN KONNTE. SEINE AUGEN GLÄNZTEN VOR TRÄNEN. DANN GRIFF ER NACH DER FLASCHE, KIPPTE DEN REST IN DIE GLÄSER UND SAGTE: Auf die Freiheit!

ICH TRAT AUS DER AUSNÜCHTERUNGSSTATION AUF DIE VOM REGEN GLÄNZENDE STRASSE HINAUS. ICH WAR ABSOLUT NÜCHTERN IM KOPF. KEIN AUTO, KEIN MENSCH, ALLES VOM REGEN ABGEWASCHEN. MEIN FLUG GING IN ZWEI STUNDEN. ICH KONNTE IHN NOCH KRIEGEN, ABER MEIN RUCKSACK WÄRE BEI MEINEN FREUNDEN ZURÜCKGEBLIEBEN. WENN IN FÜNF MINUTEN KEIN TAXI VORBEIFÄHRT, SAGTE ICH MIR, DANN BLEIBE ICH IN DER STADT UND VERSUCHE DEN FLUG UMZUBUCHEN. EIN AUF DEM ASPHALT REFLEKTIERENDER LICHTBALL KAM AUF MICH ZU. ICH STRECKTE DEN ARM AUS.

Meine Deutschen

meine Deutschen bauten Straßen und Häuser,
schmiedeten Eisen, pflügten die Erde,
dienten dem Zaren, beteten an die Jungfrau Maria,
buken Brot, wanderten durch Sibirien,
lebten unter Tataren, Altgläubigen, Mordwinen,
verloren Augen, Substantive, Gräber,
küssten die Erde wieder und wieder
und gingen früh morgens aus dem Haus heim.

MARTIN THIELMANN

Die Vergesslichkeit

„Wie oft wohl ist das schon geschehen,
dass Menschen vor dem Kühlschrank
stehen: Er ist geöffnet und man starrt
hinein ins Kühle, sinnt und harrt."
Manfred Günther

Hans war nicht mehr der Jüngste, und er merkte, dass mit ihm etwas nicht stimmte. Was genau, wusste er nicht, aber etwas war nicht so wie bisher. Er vergaß Dinge, die er in Erinnerung behalten wollte, das aber, was er gerne vergessen hätte, ging ihm nicht aus dem Sinn. Ihm fiel auf, dass er häufig vor dem Kühlschrank stand und nicht mehr wusste, was er da wollte. Wenn er das Haus verließ, plagte ihn die Ungewissheit, ob er das Bügeleisen oder den Herd abgeschaltet hatte. Um sich zu vergewissern, musste er wieder zurückgehen, obwohl ihm das Gehen nicht mehr leicht fiel. Im Geschäft vergaß er regelmäßig einen Teil der Ware, die er soeben gekauft hatte. Der Regenschirm, den er im Bus neben sich abstellte, blieb stehen. Einmal stellte er den abgekühlten Kaffee zum Erwärmen in die Mikrowelle. Als er den Becher herausnehmen wollte, griff er ins Leere. Er suchte den Kaffee überall in der Wohnung und fand ihn schließlich im Kühlschrank. „Na so was! Wer hat denn den Becher dort hineingestellt?", wunderte er sich.
All diese Unannehmlichkeiten betrafen zunächst nur ihn selbst und hatten keinerlei Auswirkung auf andere Menschen. Eines Tages aber ging Hans zum Markt, der nicht weit von seinem Haus entfernt lag. Er musste an einer Baustelle vorbeigehen - aber daraus wurde nichts, denn Baustel-

len waren seine Schwäche, und er blieb stehen. Bewundernd sah er den Bauarbeitern dabei zu, wie sie Pflasterstein für Pflasterstein ordentlich nebeneinander verlegten. Die Arbeit schritt nur langsam voran, denn sie wollte sorgsam ausgeführt werden, und das brauchte Zeit. Hans stand an der Baustelle und vergaß den Markt. Die Sonne stieg höher, die Luft wurde wärmer. Er zog seine Strickjacke aus und legte sie in seinen Korb, den er anschließend auf dem Boden abstellte, denn seine Arme waren müde geworden.

„Es wäre gut, wenn neben jeder Baustelle Bänke aufgestellt würden. Dann könnten alte Menschen wie ich in aller Ruhe daneben sitzen und zuschauen, wie die Arbeit vorangeht", sinnierte Hans. Schließlich fiel ihm ein, dass er zum Markt gehen wollte. Er drehte sich von der Baustelle weg und setzte seinen Weg fort… Auf dem Markt bemerkte er, dass er seinen Korb an der Baustelle stehen gelassen hatte und eilte zurück. Schon von Weitem sah er: Der Korb war weg. Plötzlich kam ihm ein Mädchen mit seinem Korb in der Hand entgegen. Aufgebracht stellte er sich ihm in den Weg: „Mädel, das ist doch mein…Ding?!", und er zeigte auf den Korb. Da bemerkte Hans, dass es kein Mädchen, sondern eine kleine, schmächtige Frau war, der ein leidvolles Schicksal ins Gesicht geschrieben stand. Er entschuldigte sich, sie als Mädchen angeredet zu haben. Sie blickte ihn mit großen, schwarzen Augen an und streckte ihm verlegen den Korb entgegen. Die Jacke war nicht mehr darin!

„Wo ist denn meine schöne Jacke?", fragte Hans streng. Dann entdeckte er sie: Unter dem abgetragenen Mantel der Frau schaute sie hervor. „Ausziehen, sofort ausziehen!", befahl Hans und zeigte auf seine Jacke. Ohne sich zu verteidigen, schaute sich die Frau ängstlich nach den vielen Leuten

um, die neugierig stehen geblieben waren. Jetzt erst sah auch Hans die vielen Menschen. Da sagte aus heiterem Himmel eine leise Stimme zu ihm: „Hans, Hans, Du verlierst nicht nur Gegenstände, Du verlierst auch deinen Verstand. Was machst Du hier solch eine Show? Siehst Du denn nicht, dass die Frau Dich nicht verstehen kann. Sie ist fremd hier. Es ist nicht ihre Schuld, dass Du überall etwas stehen oder liegen lässt. Warum demütigst Du sie vor all den Leuten?"
Hans erschrak über sich selbst, dann erschien ihn eine Idee und sagte zu den Leuten: „Liebe Leute, es ist alles in Ordnung! Dies war ein Beitrag zur Sendung *Verstehen Sie Spaß?* Leider habe ich mir das falsche Opfer ausgewählt. Diese Frau ist fremd hier und kennt unsere Sprache nicht – und die Sendung schon gar nicht. Die Show ist aus. Ihr könnt alle weitergehen!"
Die Leute zerstreuten sich in der Hoffnung, sich in der nächsten Ausgabe der Sendung zu sehen. Hans nahm die Frau beim Arm, drückte ihr verlegen den Korb und einen Zwanziger, der für den Markt gedacht war, in die Hand und sagte versöhnlich: „Entschuldigen Sie bitte, liebe Frau, es war nicht böse gemeint. Kaufen Sie sich Früchte, denn Sie brauchen viele Vitamine! Ich weiß, dass das Leben nicht immer einfach und leicht ist."
Er verbeugte sich vor der Frau, so tief es sein Alter zuließ, und ging verwirrt nach Hause …

ILONA WALGER

Ein neuer Tag zu leben

Ein riesiges Auge
mit feuerroter Pupille
schaut in mein Fenster
durch das Geflecht der Bäume
sieht mich an
grüßt mich freundlich
klimpert mit den Wimpern
rückt näher, wird runder
bewegt sich langsam
und ist bald heraus
ins Freie hinaus
färbt den Himmel rosa
steigt auf
klopft an die Tür
kündigt den Tag an
ein neuer Tag - zu leben!

Bielefeld, 30. September 2002

JULIA-MARIA WARKENTIN

Ferne Heimat

Nach ihrer Hochzeit lebten meine Eltern im Haus meiner Großmutter väterlicherseits in der Stadt Qaratau im Gebiet Schambyl. Qaratau heißt aus dem Kasachischen übersetzt „schwarzer Berg". In diesem Haus wurden wir fünf Kinder geboren. Als Älteste Angelina, ihr folgten Alexander und Artur und die kleine Diana rundete das Quartett perfekt ab. Als meine Mutter dann zum fünften Mal schwanger geworden war, wollte sie das Kind abtreiben, doch mein Vater war dagegen und konnte sie davon überzeugen, auch dieses Kind zu bekommen. Er wollte noch ein kleines Mädchen, ein Püppchen zum Spielen, haben. So wurde ich geboren. Im letzten Monat ihrer Schwangerschaft erkrankte meine Mutter an Gelbsucht, und so wurde ich sofort nach der Entbindung weggebracht, weil die Ärzte sich nicht sicher waren, ob ich krank oder vielleicht sogar behindert sein könnte. Meine Mutter durfte mich nicht einmal in die Arme nehmen. Erst als wir beide außer Gefahr waren, wurde ich wieder zu meiner Mutter gebracht. Sie erzählte mir, dass ich ein ganz süßes, pummeliges Baby mit pechschwarzen Haaren, großen schwarzen Augen und Segelohren war. Große Segelohren gehören bei uns zur Familientradition und vererben sich von Generation zu Generation weiter zum großen Überdruss der Mädchen, aber zum Glück haben wir alle dichtes, volles Haar, sodass wir damit diesen Makel kaschieren können.
Meine früheste Erinnerung ist an ein sanft wogendes Mohnblumenmeer, an die blutrote Farbe und an die feinen Sandkörnchen, die vom Wüstenwind hergeweht wurden und an

den samtseidigen Blütenblättern haften blieben. Daran erinnere ich mich, und an die Süße von großen, schweren Weintrauben, die in unserem Garten wuchsen. Mehr Erinnerungen habe ich an meine Heimat nicht, denn wir verließen Kasachstan, als ich kaum zwei Jahre alt war. Nach dem Tod meiner Großmutter zogen wir nach Russland zu der ältesten Schwester meines Vaters in ein Dorf, das man „Gretscheskoje" (griechisches Dorf) nannte, weil es dort sehr viele Griechen gab. Doch auch Russen, Ukrainer, Deutsche und Tataren lebten dort. Das Dorf lag in einem Steppen- und Halbwüstengebiet und war von üppigen Bergen umringt. Die Winter waren bitterkalt und schneereich und die Sommer heiß und trocken. Die Landschaft wurde von gelben, braunen und schwarzen Tönen bestimmt, nur der Frühling brachte für kurze Zeit Abwechslung und besprenkelte die Steppe mit Regenbogenfarben.

Mein Vater fand in einer Kolchose Arbeit. Geld hatten wir nie genug. Meine Mutter war Hausfrau und verfügte über kein eigenes Einkommen, und mein Vater bekam keinen festen Lohn. Aber wir hatten einen großen Obst- und Gemüsegarten und eine Landwirtschaft, wir hielten Kühe, Schweine und Hühner und kamen so einigermaßen über die Runden. Außerdem verdiente mein Vater mit Wodkabrennen etwas Geld dazu, sein Wodka mit Mandarinengeschmack soll sehr gut gewesen sein und wurde auch gern gekauft.

Das Haus war nicht groß: Zwei Schlafzimmer, ein Wohnzimmer, eine Küche und ein Bad. Ich teilte mit meinen beiden Schwestern ein Zimmer, zu dritt schliefen wir in einem Bett. Meine Brüder teilten sich das Sofa im Wohnzimmer. Die Küche war klein und wurde etwa zur Hälfte von einem großen Ofen eingenommen. Die Toilette war ein finsterer, enger Raum ohne Fenster, und das Licht funktionierte meistens auch nicht. Eine Kerze stand dort immer bereit und statt Toilettenpapier benutzten wir Zeitungsfetzen. Wir hatten zwar Strom, Kanalisation und kaltes fließendes Wasser und waren somit besser gestellt als die meisten Dörfer in der Sowjetunion, doch wenn der Wasch- und Badetag kam, war es sehr umständlich, große Mengen von kaltem Wasser auf dem Ofen zu erhitzen. Im Elternschlafzimmer gab es ein großes Bett. Ich und meine Schwester Diana durften bei unserer Mutter schlafen, weil unser Vater oft auch in der Nacht arbeiten musste.

Ich habe mich mit meinen Geschwistern gut verstanden, für Streitereien oder Prügeleien hatten wir keine Zeit. Die Aufgaben waren je nach Alter und Geschlecht verteilt. Die älteren Kinder mussten sich um die jüngeren kümmern. So haben meine Brüder meine Windeln gewaschen und auf mich aufgepasst. Diana hat mir die Zähne geputzt und die Haare gekämmt. Angelina musste als Älteste in der Familie im Morgengrauen aufstehen, die Kühe melken und sie austreiben. Dann nahm sie ihren Ranzen und rannte in die Schule. Nach der Schule machte sie schnell ihre Hausaufgaben und half der Mutter bei der Gartenarbeit, und wenn die Kühe abends wieder von der Weide nach Hause getrieben wurden, musste sie sie erneut melken. Alexander musste jeden Morgen im Ofen das Feuer entzünden, was nicht ungefährlich war. Einmal hat er seinen Kopf hineingesteckt, weil das Feuer nicht richtig brennen wollte, und goss Kerosin nach. Das Feuer ist dann so plötzlich wieder entfacht, dass er alle seine Gesichtshaare, Augenbrauen und Wimpern verloren hat. Meine Brüder mussten auch die Ställe ausmisten und das Vieh füttern und tränken.

Mein Vater hat in Russland sehr viel getrunken, daran kann ich mich noch gut erinnern. Er kam oft besoffen nach Hause, und meine Mutter wusste nicht, wohin mit ihm. Einmal stritten sie sich so sehr, dass mein Vater der Mutter drohte, er würde sie schlagen. Darauf erwiderte sie, soll er doch zuschlagen, aber dann wird er sie und seine Kinder für immer verlieren. Diana und ich standen ganz verängstigt in einer Ecke und heulten uns die Seelen aus dem Leib, während Angelina, weiß wie die Wand, uns krampfhaft an sich drückte. Als Vater uns da so stehen sah, ließ er von Mutter los und zertrümmerte dafür die Wohnzimmertür. Meinen Brüdern gelang es schließlich, ihn zu überwältigen und zu fesseln. Ich kann mich nicht daran erinnern, dass mein Vater je meine Mutter oder uns Kinder geschlagen hätte. Ich glaube auch nicht, dass meine Mutter ihre Drohung, Vater zu verlassen, jemals in die Tat umgesetzt hätte, denn sie war eine fromme Frau. Sie hat uns russische Gebete beigebracht. Vor dem Schlafengehen knieten wir nieder und Mutter sprach ein Gebet, das wir dann nachsprechen durften.

Als Kinder hatten wir immer Läuse, gegen die unsere Mutter machtlos war. Sobald wir das Haus verließen und in Kontakt mit unseren Cousins und Cousinen oder anderen Dorfkindern kamen, waren unsere Köpfe sofort voll von diesen Biestern. Als wir noch klein waren, wurden unsere Köpfe immer geschoren. Aus Geldnot mussten wir jüngere Kinder die Kleidung und Schuhe von unseren älteren Geschwistern auftragen, und glatzköpfig, mit Segelohren und großen Augen waren wir Mädchen kaum von den Jungen zu unterscheiden. Als wir Mädchen älter wurden, konnte uns die Mutter nicht mehr das Kopfhaar abrasieren. So schmierte sie uns eine stinkende und ätzende Flüssigkeit in die Haare und kämmte sie dann sehr gründlich durch, was sehr weh tat und uns die Tränen in die Augen trieb, denn wir hatten volles und langes Haar.

Im Spätherbst wurden bei uns immer Schweine geschlachtet. Mein Vater und sein Schwager schlachteten immer zwei bis drei Schweine. Ein Teil des Fleisches wurde verkauft, der Rest zu Wurst und Räucherfleisch verarbeitet. Wir Kinder waren immer dabei, und ich habe immer noch den Geruch des Bluts in meiner Nase.

Im Sommer verbrachten wir die meiste Zeit draußen. Wir spielten Fangen oder Fußball, durchstreiften die Berge und sammelten dort wilde Erdbeeren, und abends machten wir Lagerfeuer und rösteten Brot und Kartoffeln. Meine Brüder erzählten uns gruselige Geschichten.

Bei unseren Spielen mussten wir uns immer besonders vor giftigen Spinnen und Schlangen in Acht nehmen. Im Sommer krochen die Schlangen in Scharen von den Bergen herunter und sonnten sich im Staub auf der Dorfstraße, wo sie nicht zu sehen waren. Auch auf dem Feld, wo wir immer Fußball spielten, gab es sie in Hülle und Fülle, in allen möglichen Größen und Farbschattierungen. Meine Brüder und Cousins haben die Schlangen gefangen und ihnen die Köpfe abgehackt. Ich kann mich noch an meine erste Begegnung mit einer Schlange erinnern. Ich war vier oder fünf Jahre alt und wollte in den Garten gehen, um Stachelbeeren zu pflücken. Meine Mutter hatte es mir zwar verboten, weil die Beeren noch nicht reif genug waren, aber ich habe mich nicht immer an Ge- oder Verbote gehalten. Ich lief einmal um das Gebüsch herum, um vielleicht doch noch ein paar reife Beeren zu finden, und da sah ich die Schlange. Sie war nicht groß, aber sehr eklig. Schreiend rannte ich ins Haus und berichtete meiner Familie davon, aber niemand wollte mir glauben. Sie lachten mich nur aus und meinten, eine Eidechse hätte mich erschreckt, von denen wir ebenfalls mehr als genug hatten. Doch ich nervte sie so lange, bis sie mit mir in den Garten gingen und sich persönlich davon überzeugten, dass es eine Schlange war. Mein Vater holte dann ganz schnell eine Schaufel aus dem Geräteschuppen und hackte der Schlange den Kopf ab.

Als ich sechs Jahre alt war, verließen wir Russland und leben seitdem in Deutschland. Meine Schwester hat zu mir einmal gesagt, wir seien wie die Wilden aufgewachsen mit unseren Läusen und Schlangen, ohne irgendwelche Familientraditionen und Ahnengeschichten. Mag sie recht oder unrecht haben, aber diese sechs Jahre waren die glücklichsten meiner Kindheit. An diese sechs Jahre habe ich mehr Erinnerungen als an die darauf folgenden zwölf Jahre in Deutschland. In Deutschland habe ich das Leben einfach an mir vorbeifließen lassen, aber meine Kindheit in Russland habe ich mit einer solchen Intensität erlebt, dass ich mich bis heute an die Farben und die Gerüche dieses griechischen Steppendorfes am Fuße der Berge erinnern kann.

WALDEMAR WEBER

Der schwarze Rabe* ist gekommen,
flüsterten bei Nacht meine Eltern,
als man den Nachbarn holte ...

Ich lag im Dunkeln,
konnte es nicht fassen,
warum „gekommen"
und nicht „geflogen"...
der Rabe hat es wohl verlernt zu fliegen ...

Es war verboten,
aber ich schlich zum Fenster,
stand auf Zehenspitzen,
schaute und schaute in das Rabendunkel   (1995)

* Dienstfahrzeug des sowjetischen Geheimdienstes NKWD = Narodny kommissariat wnutrennich del (russisch НКВД = Народный комиссариат внутренних дел = Volkskommissariat für innere Angelegenheiten) von 1934 bis 1946 gebräuchliche Bezeichnung, 1917-1922 Tscheka, 1922-1934 OGPU, 1946-1954 MGB, seit 1954 KGB.

Prominentenfriedhof in Moskau,
wo Schulter an Schulter
die Henker,
die Opfer.
Wie die Männer
auf Bänken im Schnee
auf dem Boulevard Domino spielen,
miteinander reden,
ahnungslos

ohne Gram,
ohne Groll.

Zahnlose Welt,
keine Ehrenzeichen,
keine Handschellenspuren.

Friedliche Koexistenz. (1988)

Solikamsk*

Papierfabrik.
Flößerei.
Bäume gehen zur Arbeit.
Dort zieht man ihnen das Fell ab,
zermalmt
zu einer weichen
durchgekneteten Masse,
müssen sie vieles ertragen,
bevor sie zu Papier werden,
das bekanntlich geduldig ist. (1969)

Solikamsk - Ort im Nordural

Klassenarbeit

Deine Knie
schneeblumenweiß
mit Spickern beschrieben
die du unter dem Pult der Schulbank entblößtest
indem du den Rock weit hochzogst und so

mich die Lösung abschreiben ließest…
Mir wurde schwindlig
mein Blick war umnebelt
Ziffern und Buchstaben flossen zusammen
verwandelten sich in Hieroglyphen
Ich musste dich nochmals und nochmals bitten
mir zu gestatten
jene Teufelszeichen zu sehen
und du gestattetest
mit geheuchelter Unlust (1962-2011)

In unserer Klasse
hatte ich nach dem Krieg
als einziger
einen Vater,
wofür ich oft
von den andern
gründlich verprügelt wurde.
Den Geschmack des Blutes im Mund
hab ich bis heut nicht vergessen,
auch wer mich schlug,
und wohin,
nichts vergessen,
weiß aber, ihnen
fällt`s viel schwerer
sich daran zu erinnern

Kein Haus wurde Zuhause. Sogar das nicht, wo ich aufwuchs.
Habe es nach vielen Jahren besucht, aber keinen Zauber
                                      empfunden,

der von den Wänden ausgehe, keine geheimen Bande gespürt,
über die die anderen schreiben. Von den übrigen Bleiben,
wo ich lebte und liebte, gar nicht zu reden,
vergaß sie, kaum dass die Tür sich hinter mir schloss.
Auch die Großmutter gedachte nur noch des Stolperns
über die Schwelle des eigenen Hauses,
als man sie aus ihm vertrieb ... (2001)

Kasachstan. Anfang der 90er.
Ein großes Dorf bei Pawlodar.
Vor einem der Häuser sitzt ein Kasache und raucht.
Der letzte Siedler im Dorf ...
Ich sage: die Deutschen weg, die Russen fort,
wie willst du nun leben?
Die Augen noch enger zusammengezogen,
singt er: die Steppe ist groß ... sehr groß ...
der Wind bläst, der Sand weht, das Gras wächst,
der Mensch kommt, der Mensch geht, das Gras wächst ...
Sitzen, schweigen,
die Türen der leeren Häuser klappern hören (2005)

Für A. Schmidt

Das Fernweh nach der Heimat -
die es dennoch gibt -
ein unendlich langer Nabelstrang,
der dir zeitlebens
nachzieht
auf dem Wege aus nirgendwoher
nach nirgendwohin,

aus wo man nicht sein darf
nach wo man nicht ankommen kann,
die schmutzige Straße entlang,
mit vergilbten Fotos im Sack …
Am Wegrand sitzen,
sie ab und zu herausholen,
an den Augen, an den Lippen
über den Sinn des Erlebten
raten

Für T. S.

Wir schlafen auf Leinenlaken aus unserem Erbe,
auf denen, vielleicht, auch wir
gezeugt worden sind,
und die Eltern …
Wir bewahren sie nicht in einer Kommode
als Reliquien oder etwa zum Andenken,
auch nicht für Besuch an den Feiertagen.
Gotische Schrift, eingestickt,
Schnörkel der Monogramme,
Blätter, Halme und Rankenmuster …
Die Laken in Farbe Verheißung.
Wer weiß, wohin diese Triebe und Sprosse
auseinandergelaufen sind … der Wind
heult draußen, streut die Samen
in den Räumen des Nichtverwirklichten,
wo sie, die unbefleckten,
nie mehr aufgehn …

Zu den Autoren und Künstlern

Tatjana Bleich (*1986 Kustanai/Kasachstan) Deggendorf; Übersiedlung 1995; Photographin, Autorin.
Oleg Breininger (*1985 Moskowskij/Kasachstan) Alfter und Weissrussland; Übersiedlung 1994; bildender Künstler, Student Alanus-Hochschule Alfter. www.breininger-oleg.de
Wladimir Eisner (*1947 Gebiet Omsk) Wetzlar; Berufsjäger in Sibirien, Mitglied von Nordpol-Expeditionen; Autor (deutsch/russisch), in Moskau zum *Volksschriftsteller 2014* ernannt, Auszeichnung *Goldene Feder*.
Irina Enss (*1966 in Gorki) Niederkassel; Übersiedlung 1990; Kunst- und Designstudium Leningrad 1985-1990, Wuppertal 1993-1995; Designerin, Künstlerin, Kuratorin, internationale Ausstellungen; Autorin (Deutschland, Russland, USA). www.irina-enss.com
Agnes Gossen (*1953 Podolsk/Orenburg) Weilerswist; Übersiedlung 1989; Autorin, Journalistin, Bibliothekarin, Pädagogin; Gründungsmitglied und langjährige Vorsitzende des Literaturkreises der Deutschen aus Russland e.V.; *Ehrengabe des Russlanddeutschen Kulturpreises* 2010.
Eleonora Hummel (*1970 Zelinograd/Kasachstan, heute Astana) Dresden; 1982 Ausreise der Familie in die DDR; Autorin, Debütroman *Die Fische von Berlin* 2005; *Förderpreis zum Adalbert-Chamisso-Preis* 2006, *Hohenemser Literaturpreis* 2011.
Nelli Kossko (*1937 Marienheim/Odessa); ab 1944 in Dresden, 1945 in die UdSSR deportiert; Germanistik-Studium in Swerdlowsk, Arbeit als Deutschdozentin; ab 1975 wieder in Deutschland; von 1977 bis 1995 Redakteurin *Deutsche Welle*, bis 2001 Chefredakteurin *Wostotschny Express*.
Irina Malsam (*1972 Moldawien) Bonn; Umsiedlung 1992; Lyrikerin.
Wendelin Mangold (*1940 Schewtschenko/Odessa) Königstein/ Ts.; 1945-1955 in den Nordural verschleppt, ab 1956 in Nowosibirsk Germanistik-Studium, Professor für Deutsch in Koktschetaw/Ka-

sachstan, Ausreise 1990, bis 2007 Sozialarbeiter, Schriftsteller, Mitbegründer des Literaturkreises der Deutschen aus Russland e.V.

Eugen Maul (*1973 Zelinograd/Kasachstan, heute Astana) Fürth; Übersiedlung 1993; Studium Vermessungswesen in Moskau und Astana, Slawistik in Erlangen, dort Lektor für slawische Literatur; Autor (deutsch/russisch).

Andreas Peters (*1958 Tscheljabinsk/Ural) Bad Reichenhall; 1977 Ausreise aus Kirgisien; 1984-1995 Studium Theologie, Philosophie, Krankenpflege, bis 2001 Pfleger und Seelsorger; Lyriker, Erzähler, Kinderbuchautor, Liedermacher; *Preis des Lebens* 2005 (internat. Literaturpreis), *Hochstadter Stier* 2015 (Jury-Preis.).

Nikolaus Rode (*1940 Eigental, heute Olhyne/Ukraine) Kaarst; 1945 verschleppt aus Deutschland nach Sibirien; 1963-1968 Studium als Bühnenbildner in Taschkent, 1971-1976 Grafik-Design-Studium in Moskau; Übersiedlung 1980; bildender Künstler, Bühnenbildner & Designer; *Sabine-Ismer-Voigt-Preis* 1987, *Russlanddeutscher Kulturpreis des Landes Baden-Württemberg* 2006.

Slata Roschal (*1992 Sankt Petersburg) Greifswald; Übersiedlung 1997; zweisprachig aufgewachsen, 2010-2016 Studium Germanistik, Slawistik, Vergleichende Literaturwissenschaft in Greifswald; Schriftstellerin.

Artur Rosenstern (*1968 Georgijewka/Kasachstan) Herford; Übersiedlung 1990; Autor, Musikwissenschaftler, Übersetzer, Herausgeber; Preis Berliner *Federleicht-Schreibwettbewerb* 2013, *Leverkusener Short-Story-Preis* 2015. www.artur-rosenstern.de

Melitta L. Roth (*1970 Omsk/Sibirien) Hamburg; aus binationaler russisch-deutscher Familie, Übersiedlung 1980; bis 1998 Studium der Visuellen Kommunikation; seit 2014 eigener Blog *Scherben sammeln. Geschichten aus meiner Aussiedler-Parallelwelt.*

Edgar Seibel (*1991 Kubanka) Hallenberg/Sauerland; Übersiedlung 1998; Schriftsteller.

Elena Seifert (*1973 Karaganda/Kasachstan) Moskau; studierte Philologie in Karaganda und Alma-Ata, Promotion in Moskau; Dichterin, Übersetzerin, Literaturkritikerin, Journalistin (deutsch/russisch), Dozentin; über 200 wissenschaftliche Arbeiten (darunter Monographien und Lehrbücher); Preisträgerin internationaler Literaturwettbewerbe.

Rose Steinmark (*1951 Kamyschin bei Slawgorod/Sibirien) Münster; 1963 Übersiedlung in den Kolchos bei Dschambul, heute Taras/Kasachstan; Germanistikstudium in Nowosibirsk; Dramaturgin am Deutschen Theater in Kasachstan (Temirtau & Alma-Ata), Moderatorin im Kasachischen Fernsehen; Übersiedlung 2000; Lyrikerin, Theaterkritikerin, Dramaturgin, Dozentin, Fernsehredakteurin.

Sergej Tenjatnikow (*1981) Leipzig; aufgewachsen in Krasnojarsk/ Sibirien, Übersiedlung 1999; Studium Politikwissenschaft, Geschichte und Slawistik in Leipzig seit 2004; Schriftsteller; *Förderpreis der Asafjew-Stiftung* 2015.

Martin Thielmann (*1929 Mennonitendorf Bergtal, seit 1931 Rot-Front/Kirgistan) Bonn; 1937 Verhaftung und Erschießung des Vaters; Verbannung der Familie, Bautechnikstudium, danach Abteilungsleiter im Straßenbau, 1991 Pensionierung & Übersiedlung; Schriftsteller (deutsch/russisch).

Ilona Walger (*1939 Marxstadt, Autonome SSR der Wolgadeutschen) Bielefeld; 1941 Deportation der Familie nach Sibirien; lebte in Kasachstan, Usbekistan und Russland; Übersiedlung 1990; Studium der Biologie in Minsk und Moskau, Promotion, bis 2000 Laborleiterin; Autorin.

Julia-Maria Warkentin (*1980 Tschimkent/Kasachstan) Rahden; Übersiedlung 1995; Studium der Literaturwissenschaft und Slawistik in Potsdam bis 2008; Autorin (Erzählungen, Kinderbücher).

Waldemar Weber (*1944 Westsibirien) Augsburg; seit 1994 als Verleger in Deutschland; Schriftsteller (deutsch/russisch), Lyrik, Prosa, Übersetzungen), *Literaturpreis des Großherzogtums Luxemburg* 1993, *Liechtenstein PEN-Preis für Lyrik* 2002, *Allrussischer und Internationaler A. Makowski-Preis für Prosa und Lyrik* 2002.